10 SOLUCIONES SIMPLES PARA ELEVAR LA AUTOESTIMA

Glenn R. Schiraldi

10 SOLUCIONES SIMPLES PARA ELEVAR LA AUTOESTIMA

Cómo terminar con la inseguridad en sí mismo,
ganar confianza y crear una autoimagen positiva

México • Miami • Buenos Aires

Título original: *10 Simple Solutions for Building Self-Esteem*

10 soluciones simples para elevar la autoestima
© Glenn R. Schiraldi, 2008

Quarzo

D. R. © Editorial Lectorum, S. A. de C. V., 2008
Batalla de Casa Blanca, Manzana 147 A, Lote 1621
Col. Leyes de Reforma, 3a. Sección
C. P. 09310, México, D. F.
Tel. 5581 3202
www.lectorum.com.mx
ventas@lectorum.com.mx

Tercera reimpresión: junio de 2015
ISBN: 978-970-732-276-9

D. R. © Traducción: Silvia Espinosa de los Monteros
D. R. © Portada: Perla Alejandra López Romo

Traducción y características tipográficas aseguradas conforme a la ley.
Prohibida la reproducción parcial o total sin autorización escrita del editor.

Impreso y encuadernado en México.
Printed and bound in Mexico.

RECONOCIMIENTOS

En este libro he intentado combinar lo mejor de la psicología occidental y la oriental. Agradezco por supuesto el trabajo inicial de los doctores Aaron Beck y Albert Ellis, quienes desarrollaron los métodos sistemáticos para erradicar los patrones de pensamiento destructivo, y al doctor Jon Kabat-Zinn por crear el Programa de Reducción del Estrés Basado en la Atención, el cual ha permitido aplicar las prácticas de meditación consciente al remedio de un gran número de enfermedades clínicas y psicológicas. Tanto los doctores Zindel Segal, Mark Williams, John Teasdale y John McQuaid como Paula Carmona, han reunido las prácticas de conciencia y la reestructuración perceptiva para el tratamiento de la depresión, mientras que el doctor Jeffrey Brantley ha aplicado la circunspección al tratamiento de la ansiedad. Agradezco el trabajo del doctor Steven Hayes, cuya terapia de la aceptación y el compromiso, una hábil combinación en sí misma de Oriente y Occidente, ha contribuido en mucho a la creación de este libro. La Madre Teresa, el Dalai Lama, Sogyal Rinpoche, Viktor Frankl y muchas otras extraordinarias personas han tenido también, a través de su ejemplo y enseñanzas, una enorme influencia en este libro.

Valoro profundamente a los estudiantes de diferentes edades de la Universidad de Maryland por experimentar diligente y gentilmente, durante años, con las prácticas incluidas en este libro, ayudándome así a entender cómo enseñarlas de una manera más efectiva.

Por último, agradezco al maravilloso y tenaz personal de New Harbinger Publications, especialmente a Tesilya Hanauer, Heather Mitchener y Karen O'Donnell Stein, los editores que han trabajado muy atentamente conmigo para llevar a término este libro, y a Tracy Carlson, quien tan hábilmente colocó mis palabras en un formato visual.

Parte del contenido de este volumen fue adaptado de uno de mis libros anteriores, *The Self-Esteem Workbook* (Schiraldi, 2001).

INTRODUCCIÓN

¿Por qué construir la autoestima? Las ventajas de poseer una autoestima son numerosas. La autoestima se asocia profundamente con la felicidad, la adaptabilidad psicológica y la motivación para vivir una vida productiva y saludable. Aquellos que carecen de autoestima están más propensos a sufrir depresión, ansiedad, enfado, dolor crónico, inmunodeficiencia y una gran variedad de angustiosos síntomas físicos y psicológicos. Sin duda alguna, el doctor en filosofía Morris Rosenberg, el principal analista de la autoestima, dijo bien al afirmar que nada puede ser más estresante que carecer de la estabilidad y seguridad de un sentido completo del propio valor. Así pues, la autoestima es fundamental para nuestra salud, nuestra capacidad de lucha, nuestra supervivencia y nuestro sentido del bienestar.

En mi cargo vitalicio de la Universidad de Maryland, desarrollé un curso de habilidad para elevar la autoestima y reducir al mismo tiempo los síntomas de la depresión, la ansiedad y el enfado en los adultos de dieciocho a sesenta y ocho años de edad (Schiraldi y Brown, 2001). Fue maravilloso descubrir que la salud mental puede mejorar si se emplea la práctica. Estas habilidades de autoestima se describen detalladamente en mi libro anterior, *El manual de autoestima* (Schiraldi 2001), el cual podría resultar provechoso; pero si por el momento no tiene el tiempo o la disposición, o si las actuales circunstancias le impiden acercarse a ese método sistemático, entonces *10 soluciones simples para elevar la autoestima* es lo que usted necesita. Este libro ofrece un método simple y rápido para incrementar la autoestima —un método que espero encontrará ampliamente gratificante.

1. QUÉ SIGNIFICA AUTOESTIMA

Muchos mitos y equívocos rodean la autoestima. Así pues, comencemos por entender claramente hacia dónde nos dirigimos en este libro. La autoestima es una opinión realista y apreciativa de uno mismo. Realista significa que tratamos con la verdad, siendo fiel y honestamente conscientes de nuestras virtudes, debilidades y todo lo que está de por medio. Apreciativa, sin embargo, sugiere que tenemos una buena opinión de todas las personas que vemos. Piense en un amigo que lo conoce bien, lo quiere y reconoce en usted algo más allá de sus faltas, y entonces comprenderá lo que significa apreciativo.

La autoestima es, en sí, la convicción de que valemos tanto como cualquier otro, pero no más. Por un lado, sentimos un callado regocijo de ser quienes somos y una sensación de majestad que surge al darnos cuenta de que compartimos lo que todo ser humano posee: un valor intrínseco. Por otro lado, aquellos que poseen autoestima permanecen humildes, entendiendo que todos tenemos mucho que aprender y que, en realidad, estamos en el mismo barco. No existe la necesidad de ser arrogantes o presuntuosos; no existe la necesidad de pensar que, como personas, valemos más que otros o que somos más calificados o importantes de lo que en realidad somos.

Tener autoestima no significa ser ególatra, narcisista o egoísta. Aquel que se siente pleno y seguro de sí mismo, tiene la libertad de ser generoso. ¿Puede un criminal tener una alta autoestima? Supongo que es teóricamente posible. Sin embargo, un estudio reciente halló que los niños agresivos y rebeldes tienen mayor probabilidad de haber sido hostilizados, rechazados, desdichados y no amados, así desarrollan una imagen de sí mismos más pobre que la de los niños menos agresivos (Sprott y Doob 2000). Por lo tanto, es importante diferenciar la apariencia externa de confianza, del sereno y constante regocijo interior que caracteriza la autoestima.

La autoestima tampoco es autosatisfacción ni confianza excesiva, las cuales pueden llevarnos al fracaso. En efecto, la autoestima es una poderosa impulsora del arduo trabajo. Asimismo, la autoestima no es importante sólo para las poblaciones occidentales; algunos estudios han demostrado que la autoestima se encuentra relacionada con la salud mental y el regocijo de los adultos en diversas culturas, incluyendo las sociedades asiáticas (Lee 2002; Zhang 2005) y del mediano Oriente (Hobfoll y London 1986; Hobfoll y Leiberman 1987).

Los cimientos de la autoestima

La autoestima descansa sobre tres importantes factores. Los primeros dos bloques, el aprecio incondicional y el amor incondicional, forman los cimientos firmes para el tercer bloque: el desarrollo, que por lo general se produce de una manera más eficaz una vez que los dos primeros bloques se encuentran firmes en su lugar.

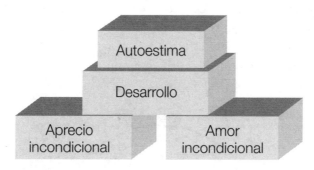

Figura 1

Bloque 1: APRECIO INCONDICIONAL

Una premisa fundamental es que todos poseemos un mismo, ilimitado e invariable valor intrínseco como personas. El valor como individuo no se adquiere, aumenta ni disminuye por factores externos, como la manera en que las personas nos tratan, las malas decisiones o los cambios en el saldo de nuestra cuenta bancaria. Éste no es el mensaje que captamos en las plazas comerciales o en ciertos círculos sociales, donde el valor se cimienta en un estatus social o económico; sin embargo, asumir que todas las personas tienen el mismo valor no es algo nuevo y puede ser muy beneficioso. Incluso algunas personas muy brillantes pueden batallar con este concepto, pues se les ha transmitido el mensaje de que el valor intrínseco puede elevarse o caer de acuerdo con el desempeño o las circunstancias. Así pues, he comprobado que la siguiente analogía resulta muy útil. Quizá pueda usted imaginar un cristal esférico en cuyas caras se refracta bellamente la luz.

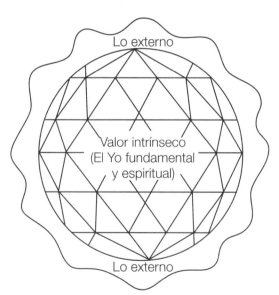

Figura 2

El cristal representa el valor intrínseco de cada individuo, cada una de las caras del cristal representa un atributo necesario para vivir bien. Estas caras incluyen las capacidades de amar, pensar racionalmente, sacrificarse, perseverar, embellecer y experimentar la belleza, y tomar buenas decisiones. Cada una de las caras puede ser pulida y refinada conforme nos desarrollamos.

El Yo intrínseco también puede compararse con una semilla. Piense en un bebé recién nacido. Al igual que esa semilla, el bebé ya está completo y posee, en su estado embrionario, todos los atributos necesarios para crecer sanamente. El bebé está completo, aunque no totalmente (es decir, no es perfecto ni está desarrollado por entero).

Lo externo

Lo exterior lo constituyen los sucesos o circunstancias externas que pueden alterar la manera de vivir nuestro aprecio, pero que no cambian nuestro valor. Ciertas experiencias externas pueden disfrazar u ocultar nuestro valor intrínseco como una neblina que lo rodea y oscurece. Quizá hemos sido maltratados emocional, física o sexualmente. El maltrato de otros puede llevarnos a creer que tenemos un defecto intrínseco, aun cuando nuestro interior siga siendo íntegro y meritorio. De igual manera, aquellos que han experimentado algún suceso traumático como el abuso sexual o el combate, a menudo se sienten destrozados por dentro; sin embargo, pueden aprovechar el apoyo de terapeutas especializados en el tratamiento de los traumas para sentirse nuevamente plenos o aliviados (resulta interesante saber que las palabras *whole, heal* y *health* se derivan de la misma raíz. Consulte la sección "Fuentes que se recomiendan", al final de este volumen, a fin de conocer las sugerencias para encontrar apoyo). Otros aspectos externos actúan como luz solar, pues iluminan nuestro valor intrínseco y nos ayudan a disfrutarlo. Por ejemplo, ser querido por otros o completar satisfactoriamente una tarea importante nos ayuda a disfrutar nuestro valor más intensamente, lo cual nos hace sentir bien.

Aun con todo esto, lo exterior —bueno o malo— no es el centro. Si una persona equilibra su valor intrínseco como ser humano con el valor de su portafolio de inversiones (algo externo), entonces su autoestima subirá y caerá con el mercado accionario, como en una montaña rusa. Nuestro objetivo en este capítulo es aprender a separar el valor intrínseco de lo exterior. Supongamos que la neblina alrededor del cristal (valor intrínseco) es separada y dispersada, ilustrando así el hecho de que el valor intrínseco es independiente de las apariencias externas.

Lo externo incluye nuestra condición corporal (apariencia, vitalidad y salud), nuestro estatus económico, género, raza, edad, puesto laboral, ascensos, premios, adversidades, relaciones o familia (estado civil, número de hijos, el papel familiar), popularidad, grado escolar, errores, estados anímicos, desempeño laboral o deportivo, niveles de destreza y control sobre los sucesos. Puede resultar difícil separar el valor intrínseco de lo exterior cuando los medios sugieren que no somos valiosos si carecemos de poder, riqueza, juventud y belleza. No obstante, como el sabio moribundo (en *Tuesdays with Morrie*, Albom 1997, 42) le aconsejaba a su joven amigo antes de morir: "Nuestros conocimientos no hacen que la gente piense bien de nosotros. Y debes ser lo suficientemente fuerte para decir que si los conocimientos no funcionan, no lo compras". Una vez que estamos seguros de que nuestro valor intrínseco es igual que el de los demás, entonces nos liberamos de la necesidad de competir. Nos inclinaremos menos a juzgarnos y a compararnos con los otros. En resumen, confiaremos más en nuestro propio valor y, por tanto, en nosotros mismos.

Algunas veces personas muy brillantes tienen dificultades para separar el valor intrínseco de lo exterior. Se preguntan cómo alguien puede tener valor si no es valorado por otros o se siente despreciable. Pensemos en un niño que no ha logrado mucho todavía en su vida. ¿Por qué es tan valioso para sus padres? Por una parte, porque sus padres han elegido valorarlo. Por otra, porque cada niño posee cualidades innatas que disfrutamos (el deleite del juego, por ejemplo). A pesar de su inexperiencia e inhabilidad, el niño posee un ilimitado potencial para amar, embellecer, consolar, reír, cambiar el curso cuando se cometen errores, ser paciente, gentil, persistente y hacer del mundo un mejor lugar de muchas maneras. Nosotros los adultos también podemos elegir apreciar nuestro valor intrínseco y nuestras aptitudes. Y cuando observemos nuestras vidas en retrospectiva y recordemos nuestras maneras (grandes o pequeñas) de contribuir al bienestar de nosotros mismos y de otros, nos acordaremos de que nadie es despreciable.

BLOQUE 2: AMOR INCONDICIONAL

El psicólogo Abraham Maslow (Lowry 1973) señaló que la salud psicológica no es posible sin amor por lo intrínseco. Los niños con autoestima suelen tener padres que los aman. Estos padres muestran interés por las vidas de sus hijos, los tratan con respeto, los alientan y apoyan mientras se esfuerzan por alcanzar altos estándares y se preocupan por ellos lo suficiente para establecer límites razonables. La buena noticia es que incluso aquellos que no experimentan este tipo de amor, pueden aprender y convertirse en buenos padres para sí mismos.

¿Qué es el amor? Yo propongo que amor es (1) un sentimiento que vivimos, (2) la actitud de desear lo mejor para el ser amado en cada momento, (3) una decisión y un compromiso adquirido cada día (incluso si no tenemos ganas), y (4) una habilidad que aprendemos. Si lo intrínseco es como una semilla, entonces el amor es el alimento que ayuda a la semilla a crecer. El amor no crea el valor (éste ya existe). Sin embargo, el amor nos ayuda a vivir nuestro valor y a disfrutar el proceso de crecimiento. Aunque no siempre tengamos el amor de los demás, siempre podemos elegir amarnos a nosotros mismos.

Cada individuo ha sido creado para amar y ser amado
MADRE TERESA

BLOQUE 3: EL DESARROLLO

Solemos sentirnos mejor con nosotros mismos si vivimos de manera constructiva —tomando decisiones razonables, desarrollando cualidades deseables y puliendo las asperezas que rodean nuestro centro—. De esta manera, podríamos pensar en el bloque 3 como el proceso de consumar, florecer o poner el amor en acción. El desarrollo es un rumbo y un proceso, no un destino. El crecimiento no cambia nuestro valor intrínseco, pero sí nos ayuda a vivirlo con mayor satisfacción. El centro puede crecer aunque el cuerpo envejezca o se vuelva flácido. Tal como lo afirmó un sobreviviente de un campo de concentración, Victor Frankl (1959), las personas pueden alcanzar la libertad intrínseca aunque sus cuerpos estén aprisionados. Crecemos mientras tratamos de levantar a otros junto con nosotros, mientras desarrollamos nuestro carácter y personalidad, en tanto descubrimos las maneras de disfrutar los placeres saludables.

Ejercicio: Comience con el objetivo en mente

Consideremos los puntos principales que hemos explorado hasta ahora: la autoestima es una serena y relativamente inalterable sensación de satisfacción que surge de reconocer y apreciar nuestro valor y, así, elegir amar y desarrollarse. La autoestima no es comparativa ni competitiva. Es decir, no adquirimos valor opacando a los demás. Por el contrario, aprendemos a reconocer y vivir nuestro propio valor. La autoestima no hace alarde ni humilla a otros. Por el contrario, aquel con autoestima toma en cuenta el bienestar de los demás tanto como el bienestar propio. La autoestima se puede crear por medio del esfuerzo constante. El proceso de construcción implica ver claro, amar y evolucionar.

Reflexione en lo siguiente por algunos momentos:

¿Cómo podría apreciarse a sí mismo si es imperfecto y ha sido maltratado o si se compara poco favorablemente con los demás?

¿Cuáles serían las consecuencias positivas de apreciarse más usted mismo?

2. ESTÉ ATENTO

Nuestras experiencias en la vida y nuestra percepción de las apariencias externas pueden cambiar la manera en que nos sentimos con nosotros mismos. Lo maravilloso es, sin embargo, que podemos aprender a desarrollar la autoestima. Al construir la autoestima, los intentos eficaces dirigirán los pensamientos, las imágenes, los sentimientos y las conductas. ¿Cuál cree usted que es el mejor punto de partida? Imagine un ciclo que se ve de la siguiente manera:

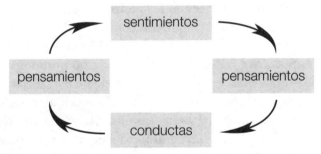

Figura 3

Un padre le da a un niño una tarea adecuada para su edad, como sacar la basura (conducta). Cuando el niño tiene éxito, es elogiado y piensa: "Puedo hacerlo; el mundo es razonable" (pensamientos). El niño, entonces, se siente confiado, lo que lo lleva a pensamientos más constructivos como: "Tal vez pueda hacer otras cosas y tener éxito." Como resultado, el niño puede tomar un instrumento y aprender a jugar con él (conducta). Esto, a su vez, lleva a pensamientos constructivos, mismos que producen sentimientos de confianza y el ciclo continúa de una forma que fortalece la autoestima. ¿Comprende? A menudo muestro este ciclo a los adultos y pregunto: "¿Cuál cree usted que es el mejor momento para intervenir y tratar de construir una autoestima: pensamientos, conducta o sentimientos?" Por lo general, responden que es mejor pasar por las conductas y los pensamientos. No hay nada malo en eso —en un modelo cíclico no hay una respuesta equivocada—. Sin embargo, piense en esto: ¿Dónde intervienen los padres de un recién nacido al acercarlo al pecho, abrazarlo o verlo a los ojos y sonreír? ¿Le están enseñando al bebé cómo pensar y comportarse? (¿Están diciendo: "Te amo porque eres muy inteligente y te convertirás en el jefe oficial ejecutivo de una gran corporación"?) ¿O están afectando los sentimientos del bebé? Es una pregunta interesante. Por lo general, los adultos elegimos comenzar con los pensamientos y las conductas. Parece ser un método más seguro y más concreto, y nuestros pensamientos y conductas son importantes. Sin embargo, las posturas del corazón —me atrevo a sugerir— son, por lo menos, igual de importantes.

El punto de vista tibetano: la atención

En años recientes, se ha descubierto que la meditación de alerta mejora muchos de los padecimientos clínicos y psicológicos que van desde un dolor crónico hasta el estrés, la ansiedad, la depresión, los desórdenes del sueño y los desórdenes alimenticios. Ésta parece aumentar la actividad en el área del cerebro que se asocia con la felicidad y el optimismo. Aquellos que practican la meditación a menudo se sienten más seguros de sí mismos y más a gusto en su propio cuerpo sin importar los sucesos externos. De hecho, los resultados han sido tan impresionantes, que la meditación de alerta se está impartiendo ahora en clínicas de enseñanza médica, clínicas del dolor, hospitales y escuelas (incluyendo escuelas de leyes) de todo el mundo.

La meditación de alerta fue introducida en 1979 en los círculos médicos occidentales por Jon Kabat-Zinn, doctor en filosofía por la Escuela de Medicina de la Universidad de Massachusetts, la cual se apoya en la tradición budista Theravada. Esta tradición explora la función de la mente y analiza cómo las personas pueden ser más felices y sufrir menos. La meditación es respetuosa y compatible con otras tradiciones porque no juzga si un método es mejor o peor. En el prólogo al libro de Kabat-Zinn, *Full Catastrophe Living*, la doctora en filosofía Joan Borysenko, apuntó que "la atención es más que una práctica de meditación y puede atraer profundos beneficios clínicos y psicológicos; asimismo, es una forma de vida que revela la gentil y amorosa plenitud que yace en el interior de nuestro ser, incluso en los momentos de gran dolor y sufrimiento" (1990, xvii). Tal vez haya usted notado que la atención es congruente con los conceptos que exploramos en el capítulo 1.

Los apacibles maestros tibetanos nos enseñan que pertenecemos a dos mentes: la mente sabia y la mente ordinaria (Rimpoché 1993). (Ver figura 4.)

Figura 4

La mente sabia y la mente ordinaria

La mente sabia representa nuestra verdadera naturaleza dichosa, que es parecida al Yo intrínseco. La mente sabia, al igual que el centro descrito en el capítulo 1, es gentil y compasiva —desea la felicidad de otros tanto como la propia (razón por la cual es dichosa), además de tener buen sentido del humor, ser optimista, apacible, sencilla e integrada—. La mente sabia se caracteriza por la autoestima y la dignidad; pero también por la humildad (reconocer que todas las personas poseen una mente sabia). Sin embargo, la mente ordinaria rodea a la mente sabia como una nube oscura, provocando que no seamos conscientes de nuestra verdadera naturaleza dichosa y causando mucho sufrimiento (Rimpoché 1993).

La mente ordinaria se adhiere a los pensamientos vertiginosos y a las emociones negativas. Cuando decimos: "Estoy a mi lado con enojo (o preocupación)", queremos decir que hemos sido atrapados por la mente ordinaria y separados de la mente sabia. La meditación de alerta enseña los métodos para pasar por debajo de pensamientos dispersos y sentimientos angustiantes y descansar en la apacible plenitud de la mente sabia.

Los niños pequeños, por sí mismos, no parecen experimentar aversión. Sin embargo, conforme envejecemos, aprendemos a pensar, juzgar, comparar, criticar, preocuparnos, culpar, obsesionarnos por las faltas, evaluar y luchar contra la forma en que se desarrolla la vida. Exigimos que la vida, o nuestros allegados, sean diferentes y nos enojamos cuando no obtenemos lo que quisiéramos tener. Nos aterra perder lo que tenemos y nos sentimos tristes cuando se va lo que creemos necesitar para ser felices. Estar atentos enseña a las personas cómo soltar las cadenas de la mente ordinaria que las hace desdichadas y cómo descansar en la mente sabia. Cuando permitimos que las aguas agitadas se calmen, éstas se vuelven muy transparentes. De igual manera, cuando permitimos que nuestras mentes se calmen, podemos ver claramente otra vez (más adelante, en este volumen, exploraremos los métodos de meditación que nos ayudarán a hacerlo).

En la meditación de alerta, las posturas (actitudes o disposiciones) del corazón son muy importantes. De hecho, en muchas de las lenguas asiáticas se utiliza la misma palabra para "mente" y para "corazón". Durante los inicios de la enseñanza de este método, Jon Kabat-Zinn (1990) introduce las posturas de la atención. Sin embargo, podríamos pensar en éstas como disposiciones del corazón, recordando que son más profundas que el parloteo de la mente y que se experimentan en el cuerpo. Exploremos estas posturas, pues encarnan los objetivos emocionales de la construcción de la autoestima y forman la base emocional para nuestro viaje.

Las disposiciones del corazón

Las diez disposiciones del corazón, adaptadas de un trabajo de Jon Kabat-Zinn (1990), señalan una forma distinta de ser —una nueva manera de relacionarnos con nosotros mismos y con el mundo.

1. *Paciencia.* Crecer toma mucho tiempo. Cuando plantamos una semilla de jitomate, no la pisoteamos ni la criticamos por no ser un jitomate. En vez de eso, la colocamos gentilmente en tierra fértil y nos aseguramos de que reciba mucha agua y luz solar. Y cuando de la tierra surge un retoño, decimos: " ¡Está creciendo!" Seguimos alimentando la planta en todo momento y nos complacemos con el proceso. Ser paciente es confiar y nunca rendirse durante el proceso de desarrollo, no construir expectativas encolerizadas ni preocuparse de que la semilla no florezca apropiadamente. Por lo general, no podemos prever cómo y cuándo darán fruto nuestros esfuerzos. Como dice un proverbio alemán: "La paciencia es una planta amarga, pero da un fruto dulce." O como dice otro proverbio: "Debemos esperar hasta el anochecer para ver lo maravilloso que fue el día."

2. *Aceptación.* Aceptar significa entender, acoger; es ver claramente y con plena conciencia el bien y el mal, el sufrimiento y la alegría como parte de la vida y no experimentar la vida como una lucha, no insistir en que las cosas sean distintas ni tratar inmediatamente de cambiar, resolver o liberarse de la angustia presente. Incluso si no estamos seguros de qué hacer, podemos observar de manera imparcial: "Así son las cosas en este momento." Una vez que podemos observar la

situación correctamente, somos libres para decidir qué hacer, ya sea actuar de manera constructiva o permitir que la situación sea como es sin ofrecer resistencia.

Cuando aceptamos huéspedes en casa, los recibimos gustosamente tal y como son. Al aceptarnos nosotros mismos, nos experimentamos con una actitud de acogida similar. Somos conscientes de nuestras debilidades (y tal vez nos proponemos mejorar para poder conocernos incluso con mayor placer). Asimismo, admitimos que no somos perfectos y que no podemos obligarnos a ser perfectos de inmediato. Así pues, nos aceptamos tal y como somos por ahora. Haríamos esto por un niño y podemos aprender a hacerlo por nosotros mismos. Como lo advertía el psicólogo Carl Rogers: "La curiosa contradicción es que al aceptarme tal y como soy, puedo cambiar" (1987, 17).

Más allá de aceptarse a sí mismo, aceptación significa que acogemos también el mundo tal como es. Es decir, entendemos las situaciones y la serie de sentimientos resultantes: vergüenza, temor, bochorno, rechazo, tristeza, decepción, etc., y les permitimos ser como son. Al renunciar a la aversión por los sentimientos negativos, nos volvemos valientes para experimentar plenamente esos sentimientos, nos volvemos hacia ellos en vez de huir. Sabiendo que los sentimientos vienen y se van, tranquila y pacientemente los vemos surgir y desaparecer a su propio ritmo, diciéndonos a nosotros mismos: "Cualquier cosa que esté sintiendo, está bien; es bueno sentirla".

Aceptación no significa pasividad, resignación ni complacencia. Simplemente significa ver las cosas como son. Cuando la decisión de actuar se vuelve clara, entonces también podemos actuar con aceptación y sin impulsividad, resistencia o emociones similares. La contradicción está en que al dejar de sujetar el control, adquirimos una mayor sensación de control interior ("Aunque la situación no mejore, estaré bien"). Confiamos más en nuestra capacidad para manejar las emociones fuertes.

Cuando sentimos dolor o incomodidad, por instinto tratamos de evitarlo o deshacernos de la fuente del dolor. Ante el malestar externo que nos causa el volumen elevado del radio del vecino, por ejemplo, podemos dar un paseo para alejarnos del ruido o pedirle a éste bajar el volumen. Sin embargo, cuando el dolor es interno, este tipo de propuesta por lo general resulta contraproducente. Por ejemplo, aquel que le teme a un ataque de pánico se tensiona e intenta combatirlo. Esto hace que el ataque de pánico sea más intenso y prolongado. Lo mejor sería relajarse y dejar que el ataque llegue y se vaya. De manera similar, aquellos que han vivido sucesos traumáticos pueden tratar inútilmente de deshacerse de los recuerdos. Sería mejor aceptar y procesar el recuerdo. Cuando se experimenta un dolor crónico, la peor respuesta es tensarse y combatirlo. A menudo percibir el dolor simplemente, sentir cómo llega y se va, ayuda a disminuirlo. Tensarse, estremecerse, resistirse o desear que las cosas no sean como son, aumentará la respuesta combativa, lo cual empeora la angustia. Tratar de evitar el dolor huyendo, tranquilizándose con drogas, saliendo de compras, viendo televisión o utilizando otra forma de evasión, sólo provoca que la angustia regrese con mayor intensidad. De igual manera, advertir nuestras faltas y sentimientos negativos y contenerlos con una conciencia plena y compasiva, cambiará nuestra forma de relacionarnos con la angustia.

3. *Compasión.* Quizá la postura fundamental y más importante, la compasión, es sentir pesar por el sufrimiento de otros y el deseo de ayudar. Se asocia estrechamente con el amor o la bondad, que es el tipo de amor universal, o no diferenciado, que toma en cuenta el valor y las necesidades de todos los seres humanos. El Dalai Lama ha advertido que en Occidente la compasión es una actitud que se extiende solamente hacia los demás. En el Tíbet, la compasión es algo que

se siente hacia los demás y hacia uno mismo. Además señala que en el Tíbet no percibe baja autoestima o depresión porque ahí las personas sienten compasión por toda la humanidad (Goleman 2003).

El siguiente relato sobre la compasión (Hinckley 2000, 28-29) cuenta la historia de dos jóvenes que caminaban por un sendero que atravesaba un campo: "En el camino, vieron un viejo abrigo y un desgastado par de zapatos de hombre y, a la distancia, vieron al propietario de todo esto trabajando en el campo. El más joven sugirió ocultar los zapatos, ocultarse ellos mismos y observar la confusión en el rostro del propietario cuando regresara. El mayor, un muchacho generoso, pensó que eso no sería bueno. Dijo que el propietario debía de ser un hombre muy pobre. Después de discutir el asunto, decidieron hacer otra prueba. En vez de esconder los zapatos, colocarían un dólar de plata en el interior de cada uno, ocultándose para observar lo que el propietario haría al descubrir el dinero. Pronto, el hombre regresó del campo, se colocó el abrigo, introdujo un pie en uno de los zapatos, sintió algo duro, lo sacó y vio un dólar de plata. La sorpresa se dibujó en su rostro. Miró una y otra vez el dólar, volteó hacia todos lados y no vio a nadie; después se dispuso a ponerse el otro zapato y, para su gran sorpresa, encontró otro dólar. Sus sentimientos lo desbordaron, se arrodilló y rezó en voz alta una oración de gracias, en la que hablaba de su esposa enferma y desprotegida y de sus hijos sin alimento. Después de enviar una bendición a sus benefactores, el hombre se fue y los jóvenes volvieron al sendero, felices por el buen sentimiento que su compasión les produjo.

Frank Robinson, un talentoso jugador que fue honrado por el Salón de la Fama del Béisbol y se convirtió en un respetado entrenador de las Grandes Ligas, recientemente tuvo que sacar de un juego a su cácher de tres rondas seguidas a la mitad de una entrada. El cácher había cometido dos errores y no pudo evitar el robo de siete bases. El equipo de Robinson ganó el juego y el cácher, con amable aceptación, dijo: "Si mi papá estuviera manejando el equipo, estoy seguro de que hubiera hecho lo mismo." Sin embargo, mientras las lágrimas corrían por el rostro de Robinson durante la conferencia de prensa posterior al juego, dijo: "Lo siento por él... simplemente valoro el que haya aguantado tanto tiempo ahí... no fue su culpa. Todos sabemos de sus defectos y hoy nuestros contrincantes se aprovecharon de ellos. Sentí que debía hacerlo por el bien del club." La reacción de Robinson fue un notable despliegue de compasión.

La Madre Teresa decía que cada persona ha sido creada para amar y ser amada. El amor cura las heridas y fomenta el crecimiento. Sentimos admiración por aquellos que demuestran compasión y sabemos lo bien que se siente experimentarla, tanto quien la da como quien la recibe. Así pues, en nuestro esfuerzo por desarrollar una actitud cordial, creamos la intención de ser compasivos con otras personas, incluyéndonos a nosotros mismos —para experimentar bondad mientras luchamos, en nuestro intento de vencer el sufrimiento.

4. *No juzgar*. Un niño juega sin inhibiciones. Más tarde, el niño aprende a evaluar y juzgar. ¿Se ha detenido alguna vez a pensar qué tan a menudo lo hacemos los adultos? Decimos: "No soy bueno en esto", "soy estúpido", "no soy tan bueno como Mary", "¿por qué no puedo ser mejor de lo que soy?", "¿por qué es tan baja mi autoestima?", "apesto", "debería mejorar más rápido", "no lo estoy haciendo tan bien como ayer", "no me gusta cómo soy", "nunca me superaré", "¿qué tal si nunca soy ascendido?", "es terrible sentirse temeroso", o "no debería sentirme triste". Pero, ¿qué funciona mejor, una zanahoria o un bastón? ¿Decir las cosas significa que motivan eficazmente? ¿O funcionan mejor la bondad y el estímulo? Para aquel que se denigra a sí mismo, es más difícil levantarse. Como

decía un entrenador de tenis: «Algunas veces, simplemente debes detener los pensamientos y los juicios que se interponen en el camino. Sólo piensa: "Rebota, pega"». "Observe lo que sucede sin juzgarse a sí mismo. Puede resultar muy liberador darnos cuenta de que no tenemos que exagerar ante ciertas situaciones, emitiendo juicios severos y disciplinarios que llevan a intensas emociones negativas. Simplemente percibimos lo que está sucediendo y respondemos de la mejor manera posible. Si logra percibir que se está enjuiciando a sí mismo o a su manera de desempeñarse, no enjuicie su juicio, agradezca a la mente ordinaria por tratar de ayudarle a mejorar y después, tranquilamente, regrese su mente a lo que estaba haciendo en ese momento.

5. *Desapego*. Los maestros orientales nos enseñan que el apego es la raíz de la desdicha. Así pues, si insisto en que necesito un tipo específico de automóvil para poder ser feliz, tal vez me sienta triste si no lo tengo. Si obtengo ese auto, tal vez tema que se dañe. O tal vez me enfade si es lo maltratan o roban. De igual manera, si estoy apegado a mi cuerpo, mi autoestima puede disminuir conforme envejezca o gane algunos kilos. Así pues, podemos poner en práctica aflojar la fuerza con que nos aferramos a lo que queremos con exigencia, a fin de ganar dicha y autoestima, confiando en que ya tenemos todo

lo necesario para adquirir esas dos cosas. Esto no quiere decir que apreciar y cuidar nuestro cuerpo no sea importante —simplemente las apariencias externas (dinero, reconocimiento, porte, situaciones, etc.) no son la fuente de la autoestima o la dicha.

En India y África, los monos son atrapados con un coco lleno de comida sujeto a una cuerda. El coco tiene un agujero lo suficientemente ancho como para que el mono introduzca la mano abierta. Una vez que el mono atrapa la banana o la carne dulce del coco y cierra el puño, éste se vuelve demasiado grande para sacarlo del coco. Al no poder sacar el puño, el mono es atrapado fácilmente. En Tonga, el pulpo es un manjar. Los pescadores dejan colgar de sus canoas un señuelo hecho con una piedra y conchas llamado maka-feke. El pulpo se sujeta al señuelo y es jalado al interior del bote (Monson 2006). En ambos casos el problema es el apego. Varias formas de meditación nos enseñan a liberarnos —a soltarnos de las cosas que nos impiden experimentar la dicha— y relajarnos en el interior de nuestra mente sabia, donde ya existe la capacidad de ser dichosos. Paradójicamente, conforme soltamos lo exterior y dejamos de luchar por ser algo que no somos, ganamos mayor aprecio.

6. *Mente del principiante.* La mente del experto se encuentra cerrada al nuevo aprendizaje y a las

nuevas experiencias. La mente del principiante está abierta. A lo largo de este libro se le pedirá abordar los principios y las técnicas aquí incluidas con una mente abierta, la mente de un niño que está experimentando algo por primera vez, sin expectativas asfixiantes ni suposiciones. No dé por hecho automáticamente que su manera de vivir no puede cambiar, intente combinar un sano escepticismo con una festiva disponibilidad a intentar algo nuevo.

7. *Sentido del humor.* Gran parte de la psicopatología consiste en la tendencia a mirar con severidad nuestra situación, a tomar la vida demasiado en serio. Debemos reírnos de nosotros mismos porque todos hemos hecho el ridículo alguna vez; uno de los más grandes desafíos de la vida es aprender a disfrutarla. Cuando ponga en práctica las técnicas incluidas en este volumen, intente mantener una chispa de buen humor y jocosidad.

8. *Compromiso.* En una relación amorosa, nos comprometemos a enriquecer ese vínculo. Establecemos una intención ("Que podamos ser felices", por ejemplo) y buscamos las maneras de estimular el crecimiento. Al cimentar la autoestima, creamos una intención similar. El compromiso también significa que practicaremos las técnicas necesarias, aun cuando no tengamos el ánimo para hacerlo. Como decía el montañista

William H. Murray: "En el momento en que nos comprometemos definitivamente, la Providencia también se mueve" (1951, 7).

9. *Vastedad.* La mente sabia es expansiva, profunda y lo suficientemente ancha para contener cualquier pensamiento y sentimiento con ecuanimidad. Descansar en la mente sabia es como estar en las apacibles y silenciosas profundidades del océano. Desde esta posición ventajosa podemos observar serena e indulgentemente los pensamientos y sentimientos desagradables como si fuesen olas que surgen en la superficie y son absorbidas después hacia el interior del vasto océano. Esta actitud nos ayuda a estar serenamente conscientes de nosotros mismos o de las situaciones que confrontemos sin ser arrastrados por juicios adversos.

10. *Generosidad.* Aun cuando se trata de una de las actitudes más importantes, la generosidad ya no se valora en las civilizaciones occidentales, las cuales parecen favorecer cada vez más la adquisición y acumulación de riqueza material. El corazón generoso da por un sentido de justicia y no porque necesite probar el mérito propio, sabiendo que lo que da es significativo. Dar puede ser un acto simple: una sonrisa, nuestra total atención, paciencia, permitir que las personas sean tal como son (el don de la aceptación), cortesía, una mano de auxilio, aliento, alimento o

dinero; ofrecer lo que podemos, en tal medida, que no nos cause a nosotros mismos una inmerecida tribulación. Pero, ¿qué tiene esto que ver con la autoestima? La generosidad produce gran cantidad de beneficios intangibles. Observamos un júbilo en los rostros de los beneficiados que nos hace sentir contentos y conectados con otros. El dar nos ayuda a dejar los apegos y a darnos cuenta, después de entregarnos, de que en realidad estamos completos y que llevamos en nuestro interior las semillas de la felicidad. Podemos pensar en la generosidad como la acción de abrir el puño que se aferra a las cosas ficticias, o que no necesitamos para nuestra dicha, y dejarlas ir.

Dar también es complementarse de otros modos. A veces evitamos a las personas que están librando una batalla por temor a que su sufrimiento pueda contaminarnos y arrastrarnos. Al hacerlo, nos cerramos a la alegría de dar y amar. Si damos con un corazón noble, abierto y no crítico, veremos que todos estamos conectados. Todos sufrimos por razones similares; sin embargo, somos lo suficientemente vastos para comprender el sufrimiento con ecuanimidad y benevolencia.

Ejercicio: Cómo aplicar las actitudes cordiales

En un cuaderno aparte, describa alguna dificultad relacionada con la autoestima y que esté experimentando actualmente. A continuación describa cómo enfrentaría este problema utilizando todas o algunas de las diez posturas de la cordialidad. Tal vez le resulte útil recordar las veces que en su vida experimentó o presenció estas posturas. Por ejemplo, ¿puede recordar alguna ocasión en la que haya sido paciente consigo mismo? ¿O cuando otros fueron pacientes con usted o con ellos mismos?

3. ELIMINE LOS PENSAMIENTOS NEGATIVOS

La autoestima nos permite aceptarnos asertiva y placenteramente. ¿Qué nos impide hacerlo? Los pensamientos absurdamente negativos que rodean y disfrazan el interior como una nube de escombros después de una tormenta. La terapia cognitiva, TC, es la rama de la psicología que ayuda a las personas a identificar, rebatir y entonces reemplazar tales pensamientos. Este método ampliamente investigado es considerado uno de los principales tratamientos contra la depresión, la ansiedad y la ira crónica. Puesto que la autoestima está muy relacionada con estos padecimientos, la TC resulta también de mucha utilidad para cimentarla.

Aaron Beck, doctor en medicina (1976) y Albert Ellis, doctor en filosofía (Ellis y Harper 1975), desarrollaron métodos parecidos para ayudar a las personas a rediseñar sus hábitos de razonamiento. Sus métodos plantean la manera en que los pensamientos afectan nuestras emociones como se ve a continuación:

Adversidad ➝ Pensamientos ➝ Emociones

La adversidad representa un suceso o situación angustiante. Por ejemplo, digamos que Paula y Lisa crecieron con un padre extremadamente abusivo. Como una respuesta al abuso (la adversidad), Paula piensa: "He sido tratada tan miserablemente. No debo de valer nada." Como consecuencia, se siente deprimida y mira su persona con desagrado (las emociones). Lisa, en cambio, responde a la misma clase de abuso con pensamientos diferentes. Se dice a sí misma: "Puede tratarme como basura; pero yo no soy eso por dentro." Lisa está alterada por el trato abusivo; sin embargo, aún conserva su autoestima y optimismo. Lo que determina si vivimos una alteración congruente o una perturbación emocional es el razonamiento que elegimos.

La TC demuestra que los pensamientos que afectan nuestras emociones pasan por nuestra mente tan rápido que apenas los percibimos, ya no digamos que nos detenemos para analizar su lógica. El doctor Beck los llama pensamientos automáticos, PA (*Automatic Thoughts*). A los PA que son absurdamente negativos (pensamientos críticos, crueles e inexactos que nos hacen sentir insatisfechos e incómodos con nosotros mismos) se les llama distorsiones.

La TC da por hecho que las personas son capaces de tener pensamientos razonables. Sin embargo, como somos imperfectos, podríamos sacar conclusiones equivocadas a partir de falsos datos. Piense, por ejemplo, de dónde creen los niños que vienen los be-

bés antes de tener toda la información. Tal vez den
por hecho que los trae la cigüeña, que los hospitales
los reparten o que crecen dentro del estómago de la
mamá. Su pensamiento se vuelve más razonable al
conocer los hechos. En el ejemplo anterior, Paula le
compró al padre el mensaje de que ella era insignificante —no porque fuese verdad sino porque ella no
rebatió el mensaje—. La TC sostiene que las personas
pueden aprender rápida y eficientemente a identificar
sus patrones de razonamiento, rebatirlos y, después,
reemplazar las distorsiones por razonamientos lógicos. Al hacerlo, adquieren control sobre sus pensamientos y sus emociones.

Nuestros patrones de razonamiento, para bien
o para mal, se ven afectados por una serie de factores.
Por ejemplo, los acontecimientos que vivimos pueden afectar nuestros pensamientos. Así pues, alguien
que ha sido maltratado sexual o físicamente podría
pensar: "Fui tratado como un objeto, entonces debo
de ser un objeto." Nuestro entorno social —el cual
puede estar formado por los medios, los amigos y la
familia— puede afectar también nuestra manera de
aprender a razonar. Por ejemplo, un padre podría
abrazar a su hija al enterarse de que ha sido violada
y decir simplemente: "Eso debe de haber sido muy
difícil." Qué diferentes serían los pensamientos de la
hija si él, en lugar de eso, la juzgara o cuestionara.
De manera similar, las emociones y la autoestima de
los soldados pueden verse afectadas por el apoyo que

sienten al regresar de una guerra. Nuestra condición física —nuestro estado de salud o qué tan descansados, alimentados y adaptados estamos— también afecta nuestra capacidad para pensar con claridad. Por último, nuestra capacidad de lucha y nuestros patrones de conducta pueden afectar nuestro razonamiento. Otros capítulos de este libro abordarán estos factores que afectan nuestros pensamientos.

Si bien los acontecimientos pueden afectar nuestro razonamiento, una de las principales hipótesis de la TC es que, a final de cuentas, somos responsables de los pensamientos que elegimos. No siempre podemos controlar la manera en que los demás nos tratan; sin embargo, tenemos la completa libertad de controlar nuestros pensamientos. Esta hipótesis no culpa a las personas por carecer de autoestima. Por el contrario, nos concede el poder para darnos cuenta que podemos moldear los pensamientos que afectan a la autoestima y para evitar culpar a otros de nuestras actuales emociones.

Pensamiento distorsionado

Así pues, exploremos los principales tipos de distorsiones (Beck 1995; Ellis y Harper 1975) y cómo pueden modificarse. Puesto que sólo existen unas cuantas, podrá reconocer las distorsiones y sus pensamientos de reemplazo para evitar caer en las trampas más comunes del razonamiento. Con la práctica aprenderá rápida y fácilmente a reemplazar las distorsiones, que es lo que con frecuencia requieren las situaciones estresantes.

El razonamiento del todo o nada

Aquí se apoyará usted en una norma perfecta o casi perfecta. Si no logra "derribar el obstáculo", estará deduciendo que es usted insignificante. No hay puntos medios ni reconocimiento parcial para el esfuerzo. Por ejemplo, un brillante y simpático estudiante me comentó una vez que le angustiaba mucho una tarea de escritura creativa que le habían pedido. La posibilidad de obtener cualquier nota que no fuese una "A", lo hacía sentirse deprimido y pensar en el suicidio. Finalmente, reconoció la distorsión:

— En mi cultura, si no alcanzamos nuestras metas no merecemos vivir —me dijo.

— ¿Dónde está escrito que alguien imperfecto es insignificante? —le pregunté.

Se quedó pensando por un momento y dijo:

— Es la primera vez que alguien me dice que no debo ser perfecto para ser valioso.

Otras personas podrían cuestionar su propio valor si no logran ganar cierto salario, si pierden una discusión o cometen un error. Si debe usted emitir un juicio, intente juzgar solamente el desempeño y no al Yo intrínseco. Tal vez piense: "Alcancé casi ochocientos en esta tarea. Eso está muy bien. La próxima vez, trataré de hacer las cosas un poco distintas."

Etiquetar

¿Alguna vez ha notado que las personas suelen etiquetarse a sí mismas con severidad?: "Soy un tonto", "soy un perdedor", "soy aburrido", "¡qué idiota!" "¿por qué soy tan estúpido?" (Nótese que esta última declaración es más una expresión de resentimiento que una pregunta. Las personas que utilizan este tipo de expresiones están más inclinadas a deprimirse porque constantemente se sienten atrapadas e impotentes). Tal vez se pregunte si esos juicios tan crueles realmente sirven para motivar, de la misma manera en que lo hace el incentivo. Por otro lado, tal vez piense: "Quien siempre pierde nunca gana, entonces ¿para qué intentarlo?" Por eso es tan irracional colocarse una etiqueta negativa. Si dice usted: "Soy estúpido (o tonto, o aburrido)", está diciendo que es estúpido *siempre* y en *cualquier* situación. Esto, obviamente, no es verdad. Howard Gardner (1993) de Harvard, por ejemplo, advierte que existen distintas maneras de manifestar la inteligencia. Algunas personas podrían manifestarla a través de ciertas habilidades matemáticas o verbales. Otras podrían hacerlo a través de habilidades personales (inteligencia emocional), interpersonales, musicales, artísticas (u otras habilidades espaciales) o corporales (como los deportes o el baile). ¿Cuál es el antídoto contra las etiquetas negativas? De nuevo, si debe emitir un juicio, juzgue solamente la conducta diciendo por ejemplo: "Hoy no hice esto muy bien". Lo intrínseco es demasiado complejo para ser descrito con una simple etiqueta.

Generalización

Pídale a una persona pesimista o con baja autoestima que explique por qué entró en una discusión con su cónyuge y le dirá algo como: "No soy muy inteligente" (etiquetándose a sí mismo). Es más probable que empeore la situación si piensa: "Siempre echo a perder las relaciones. Nunca me salen bien." Sin embargo, resulta menos severo y más preciso pensar: "No he (o quizá no hemos) aprendido a manejar con calma este tema tan difícil." Además de utilizar "siempre" y "nunca", quien generaliza también suele utilizar palabras como "nadie" y "todos". Rodney Dangerfield decía sarcásticamente que, en cierta ocasión, su psiquiatra le dijo: "No seas ridículo. No todos te odian, no todos te conocen" Un antídoto contra la generalización consiste en utilizar la palabra "algunos". Es más atinado pensar: "Algunas veces lo hago muy bien. A algunas personas les agrado, al menos un poco."

Suposición

Tal vez piense: "Sí, pero sé que a ese mesero le desagrado. Mira la manera en que me trató." Esto podría ser una distorsión conocida como lectura de pensamientos. A ese mesero puede o no agradarle. Puede estar molesto simplemente porque le sucedió algo hace veinte minutos o hace veinte años. Tal vez esté muy molesto por algo que usted hizo, pero no le desagrada. Así pues, su desagrado hacia usted es sólo una posibilidad. Usted no sabrá si en realidad siente eso a menos que lo averigüe. Tenemos otro ejemplo, digamos que ha sido invitado a la fiesta de su colonia. Tal vez suponga que, en realidad, si asiste a la fiesta de la cuadra a todos les desagradará y pasará usted un mal rato. Ésta podría ser la distorsión conocida como cartomancia o predicción del futuro. De hecho, a algunos tal vez usted les agrade, a otros no, y otros, difícilmente adviertan su presencia. Podría usted asistir a la fiesta con una mente abierta o de principiante y observar solamente lo que sucede. También algunas veces suceden cosas buenas.

Razonamiento emocional

¿Recuerda usted algún maestro que "lo hiciera sentir" tonto? Actualmente, al confrontar una situación nueva y desafiante, ¿aún se siente incompetente y piensa, por lo tanto, que en realidad lo es? O quizá alguna vez tomó una decisión equivocada y se sintió tan avergonzado que, al final, dedujo que es usted insignificante. A la acción de conformar automáticamente los sentimientos con la realidad se le llama razonamiento emocional. Podemos aceptar o estar abic os a las emociones, pero también podemos reconocer que las emociones no necesariamente constituyen la realidad. Recuerde que las emociones negativas son muestras de alteración, no afirmaciones de los hechos. Cuestione los pensamientos implícitos. Pregúntese "¿qué significa decir 100 por ciento incompetente, insignificante o malo?"; esto le ayudará a evitar el razonamiento del "todo o nada".

La insistencia en lo negativo

Supongamos que tiene usted un hermoso jardín. Una de las plantas no está teniendo buen desarrollo, así que se dedica exclusivamente a ella. Pronto se olvida de las otras hermosas plantas. De igual manera, usted podría insistir en un error o en un defecto hasta el grado de arruinar su autoestima, o incluso su vida. Deja de tomar en cuenta todo lo bueno que existe, todo lo bueno que usted ha hecho. Cuando se ve al espejo, ¿se concentra en lo que está mal? ¿O se fija en lo que está bien —en su apariencia, su sonrisa, etc.?—. Cuando se descubre a sí mismo insistiendo en aquello que está mal en usted o en su vida, tal vez piensa: "De acuerdo, quizá sea algo que puedo remediar. Mientras tanto, ¿qué más está sucediendo?, ¿qué puedo percibir que está yendo bien?, ¿que podría percibir un amigo, además de las faltas?" Un hombre le dijo una vez a un vecino en broma:

— ¿Por qué estás tan feliz? Tu vida es tan mala como la mía.

Quizá la persona que luce feliz está tomándose el tiempo para ver todo el panorama y apreciar lo que no está mal.

El rechazo de lo positivo

Si bien la insistencia en lo negativo pasa por alto lo positivo, esta distorsión en realidad niega lo positivo. Imagine que alguien lo felicita por hacer un buen trabajo. Usted dice: "No es gran cosa." Sin embargo, sería mucho más satisfactorio agradecerle a la persona y pensar: "En realidad me alegra haber podido entender lo que se requería y hacer un buen trabajo." Entonces estaría validando tanto al que otorga el elogio como a usted mismo.

Haciendo comparaciones desfavorables

Qué satisfactorio puede ser esforzarnos por algo, aplicar nuestros talentos y alcanzar los objetivos relacionados con nuestros pasatiempos, nuestra educación, nuestra profesión, nuestro esparcimiento, nuestros ideales o nuestras relaciones. Los ejemplos que nos brindan aquellos a quienes respetamos y admiramos, pueden servirnos de inspiración y sugerirnos posibilidades. Los problemas surgen, sin embargo, cuando empezamos a compararnos con los demás. Y, entonces, la inspiración se convierte en crítica: "No soy tan listo como Wayne." "Sandra es mejor golfista que yo." "John es mucho más popular que yo." "Ojalá pudiera ser tan exitoso como Randi; ella es una brillante gerente y yo soy sólo un vendedor." En cada caso, elegimos el extremo más corto del palillo y sufre nuestra autoestima.

El antídoto contra esta distorsión es simplemente dejar de hacer comparaciones y reconocer que cada persona contribuye de manera única y a su propio paso. Si le pregunto a mis alumnos: "¿Quién es más importante, un cirujano o un practicante general?", tal vez respondan: "Bueno, un cirujano podría resolver una crisis aguda; pero el practicante general podría evitar que ocurra."

— ¿Quién es más valioso, un cirujano o un terapeuta físico? — pregunto.

— Bueno, el cirujano puede salvar una vida; pero el terapeuta puede ayudar a restablecer la función física y la esperanza —responden—. Al analizar quién es más importante para la salud de la comunidad, si el doctor o el recolector de basura, pronto nos damos cuenta de que las personas contribuyen de muchas maneras. ¿Por qué tenemos que comparar y juzgar? Cuando retrocedemos para ver todo el panorama, advertimos que cada persona posee una mezcla distinta de cualidades y debilidades. Asimismo, al compararnos a nosotros mismos con brillantes ejemplos de éxito, recordaremos que cada persona, incluso si es experta, pasa apuros en algunas áreas.

Los "debería", "necesitaría" y "debe"

La afirmación "debería" es una rígida demanda de perfección que nos hacemos a nosotros mismos, tal vez con la esperanza de que dicha demanda nos ayude a superar el malestar de ser imperfectos. Algunos ejemplos incluyen: "No debería cometer errores", "debí haberlo sabido", "necesito ser mejor", "no debo fallar" y "debo ser un jefe (o cónyuge, o hijo) perfecto." Hay algo disciplinario y de reproche en estas demandas. Aunque lo que esperamos es que estas demandas nos motiven a mejorar, por lo general sólo nos hacen sentir peor. Por ejemplo, ¿cómo se siente cuando se dice a sí mismo que debe desempeñarse a la perfección y no lo hace? De hecho, las investigaciones señalan que solemos desempeñarnos mejor cuando nos esforzamos por hacer un buen trabajo y no un trabajo perfecto, pues no somos tan rígidos cuando sólo tratamos de hacer un buen trabajo.

¿Qué significa no alcanzar a la perfección lo que usted cree que debería haber logrado? ¿Significaría que es usted insignificante o simplemente imperfecto? Quizá el único "debería" razonable nos pide ser simplemente como somos, dada la imperfección de nuestro entorno, nuestra experiencia, nuestros niveles de destreza y nuestro entendimiento. Algunos dirían que una manera más benévola y más eficaz de motivar a las personas es reemplazar las demandas por las expresiones: "haría", "podría", "quiero", "elijo" y "prefiero".

Así pues, en vez de decir "debería", "necesitaría" o "debo", podríamos pensar en "deseo mejorar", "elijo trabajar duro", "me gustaría mucho ganar la competencia", "quiero ser un padre amoroso", "sería grandioso alcanzar esa meta" o "me pregunto cómo podría mejorar, ¿a costa de qué?". Debe ser consciente, sin embargo, de que la expresión "debería" puede ser muy difícil de eliminar. Con frecuencia esto ayuda a darse cuenta de que renunciar al "debería" no significa renunciar a un valor apreciado, como trabajar duro o hacer las cosas lo mejor que podemos. Simplemente nos otorga la libertad para alcanzar el objetivo de una manera más disfrutable, menos crítica y —así lo esperamos— más efectiva.

Dramatizar

Cuando dramatizamos, elegimos algo que resulta incómodo (como el bochorno, el temor o el fracaso) y decidimos que es insoportable, devastador, intolerable y terrible. Podemos pensar, por ejemplo: "Nunca daría una conferencia, pues podría tropezarme y la gente se reiría. ¡Sería terrible!", o "sería espantoso que me rechazaran", o "no puedo soportar que mi jefe me critique". Esas afirmaciones aumentan el temor y la excitación y quebrantan la confianza. Podríamos padecer estrés y, así, desempeñarnos por debajo de nuestras aptitudes. Incluso podemos comenzar a evitar las situaciones que representan un desafío, privándonos así de oportunidades para dominar nuestros temores y elevar la autoestima. La dramatización a menudo inicia con una temible posibilidad ("podría fallar"), que lleva a una conclusión negativa ("probablemente falle; provocaré que las personas se molesten y se sientan decepcionadas"), y deriva en la expectativa peor ("esto es terrible; nada podría estar peor"). En realidad, cuando dejamos de dramatizar, nos volvemos más serenos y pensamos con mayor claridad. Aprendemos entonces que somos capaces de soportar la adversidad, aunque ésta no sea necesariamente conveniente ni agradable. A la dramatización se le combate pensando: "De acuerdo, esto no me gusta, pero puedo soportarlo", "podría ser peor; nadie me está disparando; ya pasará", o "en realidad puedo superar esto."

Cuando adoptamos estos pensamientos, aprendemos a enfrentar con serenidad y total aceptación nuestros temores, en vez de escapar de ellos, así adquirimos mayor confianza en nosotros mismos.

Individualizar

Individualizar consiste en pensar que estamos más involucrados o tenemos mayor responsabilidad de lo que los hechos señalan. Por ejemplo, una víctima de abuso suele pensar que el crimen es culpa de ella y no del perpetrador. O quizás un hombre se pregunte qué hizo para merecer los arranques de ira de su esposa, sin darse cuenta de que ella ese día estaba enojada con el mundo.

Individualizar es la intención de adquirir mayor control del que verdaderamente tenemos. Lo irónico es que esta intención resulta contraproducente, la realidad nos recuerda que tenemos menos control del que deseamos. No obligamos a las personas a hacer lo que hacen y no siempre podemos evitar que sufran. El remedio para la individualización es preguntarse: "¿Por qué alguien podría comportarse así? ¿Será posible que no tenga qué ver conmigo?"

Inculpar

Si bien la individualización nos confiere demasiada responsabilidad, la inculpación les confiere demasiada responsabilidad a los demás. Por ejemplo, podríamos decir "mis padres son culpables de mis problemas con la bebida; ellos me obligaron a beber," o "tengo baja autoestima porque mi esposa me dejó." Mientras más evitemos aceptar la responsabilidad de nuestro propio bienestar, más indefensos y descontrolados nos sentiremos. Por lo tanto, es mejor pensar: "Sí, esta fue una situación difícil; ahora acepto la responsabilidad de superarla."

Ejercicio

Ahora, conozcamos cómo se utiliza el pan y la mantequilla de la TC: el registro diario del razonamiento. Este registro resulta más efectivo si ya maneja usted razonablemente las distorsiones. Antes de comenzar, revise la anterior lista de distorsiones y realice una autoevaluación pensando cada día en un ejemplo de distorsión diferente y buscando un pensamiento de reemplazo para cada una.

Cómo aplicar la Terapia Cognitiva (TC): el registro diario del razonamiento

Una de las afirmaciones de la TC es que no mejoramos sin la práctica. El registro diario del razonamiento es la herramienta básica que nos ayudará a desacelerar nuestro razonamiento a fin de poder captar y reemplazar las distorsiones que producimos habitualmente.

Identifique una situación que quebrante su autoestima y las emociones que resulten. Califique cada una de las emociones del 1 al 10, siendo 1 ningún tipo de alteración y 10 una intensa alteración. Después, enumere sus pensamientos automáticos, PA, durante esa determinada situación y reescriba las distorsiones entre paréntesis. A continuación, por cada PA escriba un pensamiento de reemplazo que sea más lógico. Por último, califique nuevamente las emociones relacionadas y advierta cualquier cambio en la intensidad. Cualquier reducción en la intensidad es válida. A continuación se muestra un ejemplo de un registro diario del razonamiento.

Situación angustiante (adversidad): Fallé en mi prueba de ascenso

Emoción(es) resultante(s)	Antes de anotar los pensamientos de reemplazo	Después de anotar los pensamientos de reemplazo
Depresión	9	5
Ansiedad	7	5

Pensamientos automáticos	Pensamientos de reemplazo
1. Soy un idiota (etiquetar)	1. Fue una prueba difícil. Me prepararé mejor la próxima vez.
2. Lo eché todo a perder (generalización)	2. Ésta es una prueba. Hago muchas cosas bien, de otro modo, no hubieran promovido mi ascenso.
3. Todos lo hicieron mejor que yo (generalización)	3. Algunos lo hicieron mejor, pero otros lo hicieron peor que yo.
4. Joe fue el mejor. Es mucho más inteligente que yo (hacer comparaciones desfavorables)	4. Joe es un excelente solucionador de pruebas. Yo tengo otras cualidades. Simplemente somos diferentes.
5. Fallaré en la reevaluación. Será terrible (suponer y dramatizar)	5. Si me preparo mejor, pasaré. Espero hacerlo. De lo contrario, puedo vivir con ello, aunque preferiría tener el aumento de sueldo.

Desvinculación

En su excelente libro, *Get Out of Your Mind and Into Your Life*, acerca de la Terapia de la Aceptación y el Compromiso, TAC (Acceptance and Commitment Therapy), Steven C. Hayes, doctor en filosofía (2005), afirma que casi todas las personas sufren alguna forma de dolor intrínseco intenso en algún momento de su vida. Ese sufrimiento puede ser depresión, ansiedad, abuso de sustancias, autoaversión y pensamientos suicidas, producto de las batallas que sostenemos en contra de nuestros pensamientos cuando tratamos inútilmente de librarnos de nuestros antecedentes.

Volvamos a nuestro ejemplo del maestro (o de otra persona) que lo hizo sentir como un tonto. Años después, el sufrimiento pudo evitarse simplemente alejándose de ese maestro (y quizá hasta de la materia, como Matemáticas). Sin embargo, la mente que soluciona los problemas no permite que eso termine ahí. Se lanza al ataque pensando: "¿Qué tal si en realidad soy tonto? Odio sentirme tonto. No puedo ser tonto. Si me esfuerzo lo suficiente, no seré tonto. Debo dejar de pensar que soy tonto. Si realmente lo intento, ya no pensaré que soy tonto." Es como si la mente estuviera en guerra, una guerra que no terminará mientras insistamos en pelear con el pasado.

Hayes le llama a este proceso fusión. Luchamos tanto tiempo contra los pensamientos negativos —los cuales damos por hecho que son ciertos—, que finalmente llegamos a identificarnos con ellos. La mente que resuelve por lo general logra deshacerse de los problemas externos, como una llave que gotea. Sin embargo, mientras más intentamos eliminar los problemas internos (por ejemplo, pensando en el pasado), más nos vinculamos a ellos. No podemos deshacernos del pasado. Y mientras más intentamos no pensar en eso, más lo hacemos; experimentamos sufrimiento, e incluso, nos convertimos en el sufrimiento mismo.

Puede usted poner a prueba esta idea. Primero, piense en un elefante blanco por algunos momentos. Ahora, suprima la imagen e intente no pensar más en el elefante blanco. Enumere cuántas veces pensó realmente en el elefante blanco. Por supuesto, pensará frecuentemente en el elefante blanco a pesar de sus esfuerzos por deshacerse de la idea.

De igual manera, podemos intentar escapar del sufrimiento a través de la evasión (utilizando sustancias, saliendo de compras, viendo televisión, trabajando y así sucesivamente). Esto funciona sólo temporalmente, después el sufrimiento regresa con mayor fuerza. Mientras más intentamos adormecer el sufrimiento desconectando nuestras emociones, más perdemos nuestra capacidad para la dicha y el compromiso con la vida. Así pues, un método distinto —la desvinculación— puede resultar útil.

El objetivo de la desvinculación es enfrentar nuestros angustiantes antecedentes sin apego ni aversión, y con absoluta aceptación, compasión y ecuanimidad. Esta *absoluta* aceptación no significa decir: "De acuerdo, haré este ejercicio rápido para poder deshacerme de mi angustia." Significa que se ha elegido dejar de sufrir completamente con una actitud serena, dispuesta y desapasionada. Entonces podremos comprometernos a vivir con plenitud, aceptando totalmente cualquier sufrimiento que aún permanezca. Todavía tenemos los pensamientos, pero los observamos serenamente a la distancia sin creer en ellos. Es como si el combate continuara su encarnizamiento, pero nosotros nos alejamos del campo de batalla para observarlo a cierta distancia. Hayes (2005) sugiere las siguientes estrategias de desvinculación.

Ejercicio: identifique la fuente del sufrimiento

1. Enumere algunas situaciones dolorosas del pasado que pudieran haber herido su autoestima de alguna manera. Quizá fue usted avergonzado, rechazado, humillado, ofendido, maltratado o ridiculizado. Tal vez tomó una mala decisión o perdió la compostura. Además de tener pensamientos dolorosos sobre estas situaciones, probablemente experimente también emociones, recuerdos, sensaciones corporales al pensar en ellas. Simplemente advierta estas reacciones.

2. A continuación, anote cuánto tiempo le ha molestado cada una de estas situaciones.

3. Por último, en vez de intentar deshacerse de estos problemas, simplemente permítales entrar en su conciencia con una actitud serena y receptiva. Tal vez piense: "Éstos son sólo recuerdos."

Ejercicio: Leche, leche, leche

1. Durante unos segundos, piense en la leche: su apariencia, su consistencia y su sabor. Tal vez la imagine fría, blanca y cremosa.
2. Ahora mencione la palabra "leche" en voz alta y repítala las veces que pueda durante cuarenta y cinco segundos. Después, observe lo que sucede. Las personas a menudo perciben que la sensación cambia. El significado se aleja de la palabra y esta palabra se convierte solamente en un sonido.
3. Ahora, tome un pensamiento negativo sobre usted mismo y que haya asociado con una de las situaciones dolorosas que enumeró anteriormente. Tal vez el pensamiento sea autocrítico y desagradable. Asocie el pensamiento con una sola palabra: "malo", "perdedor", "tonto" o "inmaduro".
4. Califique lo angustioso del pensamiento del 1 al 10. Después califique su grado de credibilidad.
5. Permita que esa palabra y otros aspectos del recuerdo entren en su conciencia con total y serena aceptación.

6. Repita la palabra en voz alta todas las veces que pueda durante cuarenta y cinco segundos.

Ahora, vuelva a calificar lo angustioso de la palabra. ¿Disminuyó el nivel de angustia asociado con esta palabra? Quizás la palabra haya perdido algo de su impacto emocional y ahora sea solamente una palabra.

Ejercicio: Escribir un diario

Un considerable trabajo de investigación sustenta las ventajas de exteriorizar en un diario los acontecimientos angustiosos durante quince o treinta minutos al día. Detalle por escrito los hechos de un suceso difícil del pasado, en especial si usted nunca le ha revelado ese suceso a nadie. Por ejemplo, podría escribir: "Mi madre me gritó furiosamente cuando rompí el plato." Después registre los pensamientos asociados y las emociones resultantes (como, por ejemplo: "Me parece mal que me haya juzgado. No puedo soportarlo. Me siento tan triste y tan inútil. Siento mucho haberla decepcionado. Me sentí realmente torpe e incompetente. Comienzo a sentir que no estoy calificado cuando cometo errores"). Después de llevar este tipo de diario sólo durante unos días, las personas generalmente observan una mejoría en su estado de ánimo; adquieren un sentido de desapego y objetividad y la sensación de que comprenden mejor los sucesos dolorosos.

Ejercicio: Llévelo consigo

Escriba todo lo que pasa por su cabeza. Puede dibujar una enorme cabeza y anotar ahí todas las sensaciones y pensamientos negativos que lleva dentro. Como una alternativa, puede resumir lo que descubrió en los dos ejercicios anteriores. Durante un día, lleve este resumen consigo en uno de sus bolsillos como un recordatorio de que realmente puede soportar los recuerdos del pasado y continuar con su vida.

4. SEA CONSCIENTE DE SUS VIRTUDES

Las personas con autoestima no necesariamente son más inteligentes, más atractivas o más capacitadas que aquellas que carecen de autoestima. En realidad, la diferencia yace en la manera de vernos a nosotros mismos. El aferrarnos a los aspectos negativos evita que disfrutemos de nuestro valor intrínseco y de lo que está bien en nosotros en el momento presente. El pensar "no me agrado yo mismo con este o aquel defecto" también bloquea la autoaceptación porque hace de la supresión de nuestros defectos un condicionamiento de nuestro valor. Habrá un momento para pulir las asperezas y crecer. Pero, por ahora, enfoquémonos en una aptitud más fundamental: elaborar un inventario de sus virtudes para poder visualizar con mayor precisión su valor intrínseco.

Este capítulo le ayudará a hacerlo con tranquilidad. Las aptitudes que analizaremos no son ejercicios para el razonamiento positivo, más bien, son algunas técnicas para tratar de observar clara y honestamente lo que ya existe. Recuerde nuestra teoría básica: cada persona posee, desde el embrión, los atributos necesarios para vivir bien. La manera individual en la que expresamos estas virtudes no determina nuestro valor sino que nos lo recuerda.

Analicemos la creatividad. La creatividad es una maravillosa virtud que nos ayuda a inventar instrumentos útiles, embellecer nuestro entorno y sobrevivir en un mundo cambiante. Con frecuencia pido a mis alumnos que levanten la mano si son creativos. Lo común es que sólo unos cuantos levanten la mano, ya que apenas definen la creatividad como un talento artístico; ellos piensan al estilo todo o nada: "Bueno, no soy artista así que entonces no soy creativo." Yo pienso que todas las personas podrían levantar la mano, porque la creatividad se puede expresar de muchas maneras. Algunas personas hacen dibujos y otras hacen esculturas, otras más expresan su creatividad en su manera de limpiar, cocinar, vestirse, vender, divertirse, ayudar a otros, hacer reír a los niños, contar historias, salir de un aprieto, resolver problemas, organizarse, etc. La creatividad es un tema común pero se puede expresar de diferentes maneras, y se requiere de esfuerzo para revelar los aspectos de la creatividad.

Ejercicio: Aprecie su valor intrínseco

Imagine un cristal que represente su valor intrínseco y donde cada cara significará un atributo o rasgo de la personalidad que sea valorado y que todos los seres humanos poseen en diferentes etapas del desarrollo. Pensemos en una lista de estos atributos:

Creatividad

Flexibilidad (se adapta a las circunstancias cambiantes, puede renunciar a un curso de acción que no está funcionando)

Sapiencia (discernimiento, buen juicio)

Carácter (ética, integridad, honestidad, imparcialidad)

Gentileza, compasión

Generosidad

Respeto por uno mismo

Respeto y consideración hacia los demás

Paciencia

Autoaceptación

Franqueza, curiosidad, conciencia

Confianza en uno mismo

Determinación

Disciplina

Valor

Humildad

Gratitud

Optimismo

Otros: _____

En una hoja de papel, escriba la lista de los atributos anteriores alineados a la izquierda. Junto a cada atributo, dibuje una escala que se vea de la siguiente manera:

**Absolutamente
carente**

**Completamente
desarrollado**

A continuación, califique cada atributo en usted mismo del 0 al 10, en donde el 10 (diez) significa que el atributo está desarrollado lo mejor que se puede en una persona, y 0 (cero) significa que se carece total y absolutamente del atributo y que éste no se muestra ni en el más mínimo grado. Intente simplemente observar los niveles de estos atributos sin hacer comparaciones ni emitir juicios negativos. Recuerde que esta no es una competencia contra otras personas, pues el valor es el mismo y las personas lo expresan de diferentes maneras y con distinto ritmo. Así pues, intente ser honesto, sin elevar ni disminuir sus calificaciones.

Análisis

Cuando haya terminado, retroceda para ver lo que se ha revelado. Si está usted en contacto con la realidad, no verá ninguna calificación de 0 ni de 10, puesto que ni es perfecto ni carece por completo de aptitudes. En este sentido, todos estamos en el mismo barco. Cada persona es como un retrato en diferentes etapas de realización. Cada retrato posee una gama de colores única. La luz brilla de distinta forma sobre cada retrato, acentuando una mezcla distinta de virtudes en cada uno. Así pues, mientras que cada persona es infinitamente valiosa, cada una de ellas expresa ese valor en una infinita variedad de formas. Puede llevarle unos cuantos segundos anotar en su diario sus pensamientos y emociones sobre este ejercicio. Al pensar en su retrato único, ¿cuáles son las áreas que más disfruta o que encuentra más satisfactorias?

Ejercicio: Calentamiento para la práctica cognitiva

La siguiente técnica es muy efectiva y popular entre las personas con las que he trabajado. Fue desarrollada por tres investigadores canadienses (Gauthier, Pellerin y Renaud 1983), quienes comprobaron que aumentaba la autoestima en adultos en cuestión de semanas.

A modo de calentamiento, coloque una marca de comprobación junto a la conducta o atributos, que aparecen a continuación, si algunas veces es o ha sido, hasta un grado considerable, de cualquiera de las siguientes maneras:

☐ Amistoso
☐ Tranquilo o sereno

☐ Flexible o adaptable
☐ Íntegro o ético
☐ Expresivo o elocuente

☐ Divertido, amoroso
o travieso

☐ Organizado, ordenado
o pulcro

☐ Gracioso, alegre
o entretenido
☐ Comprometido
☐ Leal, confiable
o responsable
☐ Confiable
☐ Confiado o capaz
de ver lo mejor en los otros

☐ Espontáneo
☐ Protector
☐ Atento o amable

☐ Conciliador

☐ Lógico o razonable
☐ Receptivo a la belleza
o la naturaleza
☐ Valiente
☐ Cooperativo
☐ Comprensivo,
considerado, amable
o prudente
☐ Dinámico, entusiasta
o intenso

☐ Optimista
o esperanzador

☐ Gentil
☐ Puntual

☐ Generoso
☐ Aventurero
☐ Concentrado o
disciplinado
☐ Perceptivo
☐ Afectuoso
☐ Fuerte, poderoso,
enérgico o persuasivo
☐ Resuelto,
determinado o
persistente

☐ Altivo o gallardo
☐ De mente abierta
☐ Imaginativo

☐ Aplicado

☐ Paciente
☐ Seguro de sí mismo
☐ Confiado de sus propios instintos o intuitivo
☐ Compasivo o dispuesto a olvidar las faltas, a dejar de lado los resentimientos

La lista anterior representa los rasgos de la personalidad o los atributos. La siguiente lista contiene diferentes papeles que algunas veces asumimos.

Analice si a veces es usted razonablemente bueno en cualquiera de los siguientes papeles:

☐ Sabe escuchar
☐ Colaborador
☐ Capaz de decidir
☐ Cocinero
☐ Trabajador
☐ Amigable
☐ Músico o cantante
☐ Aprendiz
☐ Líder u orientador
☐ Seguidor
☐ Organizador
☐ Solucionador de problemas

☐ Sociable
☐ Solicitador o intercesor
☐ "Animador" o partidario
☐ Ejemplo para otros
☐ Planificador
☐ Compañero
☐ Abierto a la crítica
☐ Que asume los riesgos
☐ Afecto a los pasatiempos
☐ Corrector de errores
☐ Sonriente
☐ Argumentador

☐ Conveniente

☐ Maestro

☐ Embellecedor
o diseñador

☐ Conductor

☐ Escritor de cartas

☐ Consejero

☐ Pensador

☐ Deportista

☐ Gerente financiero
o presupuestador

☐ Mediador

☐ Cuentista

☐ Miembro de la familia

☐ Comunicador

☐ Hermano

☐ Padre de familia

Observe que al eliminar el requisito de perfección podemos apreciar mejor nuestras virtudes y las muchas cosas que podemos hacer. Ahora está usted listo para intentar la siguiente práctica cognitiva.

Ejercicio: Práctica cognitiva

1.   En una hoja de papel (o en ficheros que pueda guardar en uno de los bolsillos o en su bolsa), enumere diez afirmaciones positivas sobre usted que sean importantes y ciertas. Estas afirmaciones pueden provenir de las listas elaboradas en las páginas anteriores; usted puede generar sus propias afirmaciones. Escribir, por ejemplo: "Soy un miembro fiel y proveedor de mi familia", "soy disciplinado", o "soy un escucha atento." Si menciona uno de los papeles

que desempeña bien, intente añadir las características personales específicas que expliquen por qué se desempeña bien en ese papel. Por ejemplo, si dice que es usted un gerente eficaz, podría añadir que planea con detenimiento y que trata a las personas con justicia. Los puestos pueden cambiar (podría retirarse o ser despedido, por ejemplo); sin embargo, puede expresar su carácter y sus rasgos de personalidad a través de muchos y diferentes papeles.

2. Busque un sitio donde pueda relajarse sin ser interrumpido por aproximadamente veinte minutos. Reflexione sobre una de las afirmaciones y las pruebas de su veracidad por aproximadamente uno o dos minutos. Por ejemplo, si en el paso 1 observó que es usted un gerente justo, podría reflexionar sobre una reciente decisión que haya tomado y en donde las personas fueron tratadas con imparcialidad. Repita esto con cada una de las afirmaciones.

3. Repita este ejercicio diariamente durante diez días. Cada día agregue a su lista una afirmación y reflexione también sobre la evidencia de veracidad de cada una de las afirmaciones.

4. Varias veces al día, durante el curso de los diez días, observe uno de los elementos de la lista y reflexione por aproximadamente dos minutos en la evidencia de veracidad.

La práctica cognitiva nos ayuda a contrarrestar las distorsiones que mantienen la atención en lo negativo, reemplazándolas por pensamientos y emociones de aprecio. En un momento de claridad, Walt Whitman escribió: "Soy más generoso y mejor de lo que pensaba. No creía tener tanta bondad" (Warner 2004, 142). Aquellos que han intentado realizar este ejercicio han hecho afirmaciones similares, incluyendo las siguientes:

- "Sorprendentemente, me sentí tranquilo y en mayor armonía conmigo mismo".
- "Me sentí complacido al ver la cantidad de cosas que existen para mí. Fue una revelación".
- "Tengo una sensación de fortalecimiento".
- "Tuve la sensación de que la negatividad simplemente desapareció".

Ejercicio: La bondad intrínseca

Sharon Salzberg (2004) sugiere una manera más simple de hacer esto. Pase quince minutos recordando las acciones buenas o benéficas que ha realizado; los momentos en los que usted haya sido generoso o atento, o las veces que haya levantado a otra persona de alguna manera, por pocas que sean. Después podrá registrar el ejercicio en un diario como un recordatorio específico de la bondad que existe en su interior.

5. UTILICE LA MEDITACIÓN CONSCIENTE

El amor es primordial para la salud mental y la autoestima, y la falta de éste parece contribuir a la ansiedad y a una autoestima baja. Los monos jóvenes que no se apegan a sus madres se vuelven ansiosos. En los seres humanos, los niños que forman vínculos amorosos con sus padres suelen demostrar las ventajas de la autoestima mientras que la ansiedad y la baja autoestima en los adultos se relacionan firmemente entre sí (Brown, Schiraldi y Wrobleski 2003). En este capítulo, exploraremos las aptitudes que nos ayudan a otorgar el amor curativo que puede haber estado limitado mientras madurábamos. Comenzaremos por explorar los métodos de la meditación de alerta y, después, pondremos en práctica las técnicas relacionadas que nos ayuden en este proceso.

Conciencia

En cierto sentido, la meditación de alerta es la percepción de nuestra naturaleza verdadera, dichosa y amorosa —el Yo intrínseco, conocido en la cultura tibetana como la mente sabia (véase el capítulo 2).

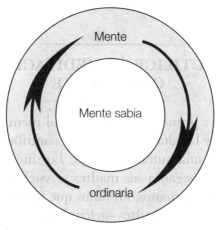

Figura 5

Las batallas que causan la mayoría de nuestros arreba-
tos de sufrimiento en la mente ordinaria —con la que
nos aferramos a los veloces pensamientos negativos y a
las emociones inquietantes— surgieron de nuestro núcleo armonioso y sereno. El momento presente queda
envenenado mientras nosotros quedamos atrapados y
extenuados por estas emociones y pensamientos vertiginosos y circundantes en el interior de la mente ordinaria. La mente ordinaria continuamente se preocupa,
proyecta, se obsesiona, recuerda, se lamenta, evalúa,
exige, critica, juzga, protesta, exagera, resiente, cues-
tiona y se apresura. Se dice que vivimos en nuestra cabeza mientras dejamos pasar la vida. Y mientras más
luchamos y protestamos contra lo que vivimos, más
conscientes nos volvemos y más sufrimos.

Existen tres posibles respuestas a las circunstancias angustiantes, que son: luchar, escapar o permitir. Al luchar, nos tensamos y la tensión, en sí, tiende a aumentar la conciencia y el sufrimiento. La terapia cognitiva, TC (*Cognitive Therapy*) (véase el capítulo 3), se enfoca en reemplazar los pensamientos negativos por pensamientos más respetuosos y realistas y, de esta manera, nos ayuda a ser más benévolos con nosotros mismos. Esto lo aprendemos de forma más bien enérgica y difícil. La TC es una batalla de especies —no importa su conveniencia— cuyo mero lenguaje nos exhorta a devolver los golpes o a defendernos de esas distorsiones. Otra opción es escapar evitando, disociando, deseando que los problemas desaparezcan o preguntándose por qué. Ninguno de estos métodos resulta efectivo a la larga. El método de conciencia y atención utiliza la práctica de la concesión, la cual complementa a la TC. Conceder o aceptar significa que dejamos de luchar contra nuestros desafíos y simplemente los mantenemos en conciencia serena. Cuando dejamos de luchar y tratar de solucionar los problemas, adquirimos una perspectiva diferente, una serenidad interior y la confianza de que podemos manejar la vida, así como una liberación de nuestro apego a las emociones y los pensamientos negativos.

La meditación de alerta nos ayuda a pasar por debajo de los pensamientos de la mente ordinaria, la cual incluye pensamientos de autoaversión. Al hacerlo, percibimos nuestro Yo intrínseco —nuestra verdadera naturaleza alegre, o la mente sabia— que por naturaleza es compasivo, amoroso con nosotros mismos y con los demás, vasto, digno, humilde, transparente, simple, sereno e íntegro. Desde la clara y amplia perspectiva de la mente sabia, observamos los pensamientos simplemente como cosas que vienen y se van y no como lo que somos intrínsecamente.

Como uno de mis maestros de meditación me enseñó: lo que necesitamos no es combatir el temor sino solamente estar conscientes del amor. Lo que necesitamos no es crear el amor sino solamente estar conscientes de lo que ya existe en el interior. En la conciencia, no tenemos que combatir los pensamientos de la mente ordinaria. Por el contrario, los admitimos cordialmente, conservándolos en la candidez y la aceptación de la mente sabia. Conforme nos volvemos conscientes de la mente sabia, es como si su luz atravesara la mente ordinaria y se uniera a la luz de la verdad que se encuentra más allá. La luz de la mente sabia penetra, suaviza o disuelve la intensidad de nuestras emociones y pensamientos negativos. En vez de combatir lo negativo, simplemente mejoramos nuestra experiencia con las emociones positivas. Como resultado, lo negativo tiende a disminuir.

¿Qué sucede cuando simplemente aceptamos lo que es, sin luchar ni escapar? Una investigación médica realizada en Occidente descubrió que la meditación de alerta reduce el estrés y el sufrimiento mental y físico. También se ha descubierto que mejora el sueño y la salud física, al mismo tiempo que incrementa la autocompasión y la empatía hacia los demás. Las prácticas de la conciencia nos ponen en contacto con nuestro núcleo amoroso, con lo que realmente somos —ayudándonos a restablecer en nosotros una sensación de plenitud y permitiéndonos percibir nuestras cualidades intrínsecas con claridad y con amor—. Adquirimos una sensación de confianza al saber que podemos pasar por debajo de los pensamientos negativos y no ser controlados por ellos. La conciencia nos recuerda que somos más intensos que cualquier aversión que experimentemos en la superficie.

La conciencia nos ofrece también una manera de cuidar de nosotros mismos aceptando y conciliando nuestras emociones angustiantes, aumentando aún más la confianza en nosotros mismos. Después de todo, las emociones forman parte de lo que nos hace únicos. Si tratamos de juzgarnos y de deshacernos de nuestras emociones, estaremos invalidando una parte importante de lo que somos. Si nos sentimos más a gusto con nuestras emociones, seremos más capaces de mantenernos serenos al entrar más en contacto con las situaciones angustiantes. Como resultado, responderemos más adecuadamente a las crisis y tomaremos mejores decisiones, sin una exagerada respuesta emocional. Con frecuencia las personas dicen que la conciencia las hace sentirse más a gusto en su propia piel.

Por favor recuerde que la conciencia no intenta resolver ni cambiar las situaciones de inmediato sino que cambia nuestra manera de relacionarnos o de responder a las emociones y los pensamientos angustiantes. Simplemente les permitimos existir; no reaccionamos con fuertes emociones negativas, con tensión, con reforzamientos, con críticas, con impulsividad o cosas parecidas. En la práctica de la conciencia tan sólo observamos serena y afablemente, analizando nuestros pensamientos y emociones desde la desapasionada perspectiva de la mente sabia. Más adelante, tal vez decidamos tratar de cambiar una situación desde la posición ventajosa de la plena conciencia. Cuando estemos abiertos de esta forma, nos haremos más receptivos a la completa gama de emociones (todas las emociones se consideran útiles y son tratadas de la misma manera), a las señales de nuestro cuerpo (como la fatiga, el sufrimiento, el hambre de verdad, tan contraria al hambre emocional), a nuestras virtudes y capacidades intrínsecas, a las opciones disponibles al tener que tomar una decisión, y a la belleza de la vida. Es probable que nos sintamos menos exhaustos cuando nos desvinculemos de las batallas internas de nuestra mente ordinaria.

Así pues, en la conciencia, simplemente le prestamos toda la atención a cada momento de una manera serena y benévola, sin tratar de cambiar nada de inmediato. La atención juzga porque la crítica provoca una estimulación mental y física (decir "no soy bueno para la meditación" o "no creo que esté funcionando" es juzgar). Por el contrario, con la práctica tendremos una actitud cordial y franca. En vez de reaccionar emocionalmente, responderemos siempre con generosidad.

Secuencia de reducción del estrés basada en la conciencia

Jon Kabat-Zinn (1990; 2005) es famoso por introducir en la sociedad médica occidental, a finales de los años 70, la Reducción del Estrés Basada en la Conciencia, REBC (*Mindfulness-Based Stress Reduction*). Aquí analizaremos una versión simplificada del programa de ocho semanas que él desarrolló. Cada forma de meditación se agregará a la forma anterior. Así que será importante practicar cada meditación de alerta en orden. Kabat-Zinn ha subrayado la importancia de practicar los ejercicios aun cuando no se sienta con ánimos de hacerlo, porque con la práctica usted podrá finalmente admitir los pensamientos, los recuerdos, las emociones y las sensaciones corporales angustiosas con la misma serenidad con la que se comería una pasa; ahí es donde comienza la REBC.

Ejercicio: Las pasas

El objetivo de este ejercicio es comer dos pasas cuidadosamente y con plena conciencia por un periodo de entre diez y quince minutos.

1. Sostenga delicadamente dos pasas en la palma de su mano con una actitud alegre y curiosa.

2. Tome una y observe con detenimiento cada detalle —los bordes, el tronco, la transparencia, el color y el aroma—. Perciba las sensaciones en sus dedos al tocar la superficie de la pasa. Gírela entre sus dedos junto a su oído y perciba su sonido.

3. Observe su cuerpo mientras la sostiene, y la tensión mientras la acerca a su boca. Sienta el aire contra su piel mientras su mano se mueve lentamente, casi como sentiría el agua en la regadera. Advierta si su cuerpo emite señales de hambre. Preste atención a todas las sensaciones en su mano y su brazo.

4. Mientras se prepara para llevarla a su boca, podrá sorprenderse a sí mismo pensando cosas como "me gustan [disgustan] las pasas. Mamá solía darnos pasas como bocadillos. Me gustaría almorzar. Realmente no tengo tiempo para esto. Probablemente hay muchas calorías en esta pasa. ¿Qué tiene esto qué ver con la autoestima?" Esto es bueno. Cada vez que surjan

estos pensamientos, admítalos cordialmente (lo que la mente ordinaria hace es pensar), y concentre nuevamente su atención en comerse la pasa.

5. Sienta cómo su boca acepta la pasa. Mientras deja que la pasa descanse sobre su lengua, simplemente siéntala ahí y advierta lo que se siente antes de comerla. Después de un rato, colóquela en varios puntos de la lengua. Advierta si produce o no salivación, y saboree la pasa.

6. Déle un solo mordisco y sienta el sabor. Tal vez perciba una explosión de sabor más intensa que cuando come pasas sin prestar atención.

7. Mastique lentamente, poniendo atención a la sensación y después perciba la intención de tragar. Mientras traga, siga la pasa hasta su estómago. Perciba el sabor y las sensaciones que quedan en su cuerpo.

8. Al terminar, haga lo mismo con la segunda pasa, estando total y serenamente atento a la experiencia.

En este ejercicio se presentan casi todos los elementos de la conciencia: estar serenamente dispuesto para una experiencia momento a momento, sin juzgar ni reaccionar emotivamente; consciente de la mente divagante y llevándola gentilmente de regreso a ese momento sin emitir juicios; la mente del principiante (aun cuando piense usted que todas las pasas son iguales, comerse la segunda resulta no ser la misma experiencia que cuando se comió la primera); y darnos cuenta de lo mucho que nos perdemos de la vida por no estar atentos. Muchos observan que la experiencia de comerse una pasa es más intensa cuando la mente se enfoca en el momento presente, y perciben los sabores de los que se pierden cuando están apurados. Algunos dicen que probablemente comerían menos si estuvieran atentos porque disfrutarían más cada bocado y percibirían cuando las señales de hambre se hubieran detenido.

Ejercicio: Respiración consciente

Ésta es una práctica de meditación muy efectiva que nos ayuda a aprender a estar con mayor serenidad en nuestros propios cuerpos y a pasar por debajo de los pensamientos apresurados que están en nuestras cabezas. Le tomará de diez a quince minutos. Realícela una vez al día durante una semana.

1. Siéntese cómodamente en la postura del meditador: los pies firmes sobre el piso, las manos descansando extendidas y cómodamente en el regazo, con las palmas hacia arriba o hacia abajo. La espalda cómodamente erguida. Imagine que la espina está alineada como una columna de monedas de oro descansando una sobre otra.

La cabeza no está hacia delante ni hacia atrás; la barbilla no está hacia arriba ni hacia abajo. El torso está sostenido con dignidad y gracia, como una montaña majestuosa. La montaña es fiable y segura, a pesar de las nubes que la cubren o las tormentas que la embisten desde afuera.

2. Permita que sus ojos se cierren. Libere la tensión de los hombros, el cuello y la mandíbula. Permita que el abdomen esté suave y relajado. Deje que su cuerpo se relaje y se instale. Comience a instalarse en la mente sabia.

3. Reflexione por un momento sobre las disposiciones de la conciencia —aceptación, compasión, abstención, paciencia, desapego, mente de principiante, sentido del humor, compromiso, vastedad y generosidad—. En esta meditación, no se estará esforzando por hacer que suceda algo en particular, simplemente observe lo que sucede.

4. Permita que la conciencia esté presente mientras respira con el abdomen (deje que la parte superior de su cuerpo se relaje y quede inmóvil; el único movimiento es el de su abdomen que se eleva al inhalar y desciende al exhalar). Observe su respiración tal y como observaría el vaivén de las olas en la playa. Conforme fluye su respiración, sienta moverse las partes de su cuerpo. Puede sentir la elevación y tensión de su abdomen al inhalar. Puede sentir el aliento pasar por sus fosas nasales y garganta, y entrar

y salir de sus pulmones. Tal vez sienta el latir de su corazón, ligeramente más rápido al inhalar y ligeramente más lento al exhalar. Cada respiración es diferente, por lo que deberá prestar atención con mente de principiante a todo el proceso de respiración.

5. Conforme respira, los pensamientos surgirán y desaparecerán. Si lucha contra ellos aumentará la tensión, así que solamente perciba cómo su mente divaga y, cada vez que la sienta divagar, gentilmente haga que se enfoque nuevamente en la respiración. El objetivo no es dejar de pensar sino sentir satisfacción cada vez que perciba cómo su mente divaga. Esto es lo que la mente ordinaria hace. Felicítese cada vez que sea consciente de esto y, con gentileza, con amabilidad y con paciencia, lleve su conciencia de regreso a la respiración sin emitir juicios. Piense en esto como una práctica para responder a la vida con benevolencia.

6. Suéltese, reléjese y descanse en la respiración. Advierta detenidamente cada parte de la inhalación, de la exhalación y de cada momento sutil y cambiante. Descanse su mente en su abdomen, percibiendo la sensación.

7. Y ahora, sienta la respiración como si fuese una ola que llenara todo el cuerpo. Por debajo de la respiración, perciba una serenidad más profunda, la paz interior.

8.   Cuando haya terminado, advierta cómo se siente. Deje ir esa sensación, de la misma forma en que permite que la conciencia de la respiración aparezca y desaparezca.

Ejercicio: La exploración del cuerpo

Percibimos emociones y sensaciones físicas en el cuerpo. Sin embargo, con frecuencia tratamos de controlarlas con la cabeza. Podemos pensar: "Oh, no, no quiero sentir esa emoción. No otra vez. Debo dejar de sentir eso." O tal vez: "Este sufrimiento es terrible; debo buscar la manera de matarlo." Mientras más combatimos las emociones y las sensaciones, más sufrimos. A menudo estamos lejos de nuestro cuerpo porque vivimos en nuestras cabezas y estamos más conectados con la televisión, las computadoras o los celulares que con nuestros cuerpos. Podemos estar obsesionados con la imagen de nuestro cuerpo en el espejo sin estar a tono con él, igual que podemos comer sin saborear realmente. La meditación de exploración del cuerpo nos preparará para finalmente vivir la incomodidad emocional y física con gentileza y serenidad, sin tratar de apartarla, huir o pensar que estamos fuera de ella. Esta meditación nos enseña simplemente a admitir cada sensación. La observamos amable y desapasionadamente y, entonces, dejamos que desaparezca nuestra conciencia de la sensación.

Al observar simplemente las sensaciones, percibimos que éstas cambian con frecuencia: vienen y se van. Al no tensarnos sino relajarnos en la sensación, cambia nuestra respuesta a ésta. Muchas personas observan que se sienten conectadas cuando se concentran en sus cuerpos y no en sus cabezas —observando serenamente la aparición y la desaparición de las sensaciones corporales y conservando cualquier cosa que surja con serena conciencia—. El objetivo de esta meditación no es pensar en cada parte del cuerpo sino llevar la conciencia a su parte más profunda, sintiendo desde adentro. Practique esta meditación a diario durante aproximadamente cuarenta minutos y por lo menos a lo largo de una semana.

1. Descanse sobre su espalda en un sitio donde no exista la posibilidad de ser interrumpido. Cierre los ojos. Recuerde especialmente las disposición de la compasión, la paciencia, la aceptación, la abstención, el desapego y el sentido del humor.

2. Respire y permita que su mente se instale; deje que su mente descanse serenamente en su cuerpo.

3. Advierta que su cuerpo se siente como un todo en este momento, sin emitir juicios. Sienta su piel contra la alfombra o la cama. Perciba la temperatura del aire a su alrededor y cómo se siente. Esté consciente de cómo se siente su cuerpo — ¿está cómodo, o existe alguna tensión, dolor o picazón?—. Advierta la intensidad

de estas sensaciones y si éstas cambian o permanecen igual.

4. En un momento, usted inhalará y exhalará varias veces con una parte de su cuerpo, prestando mucha atención a todas las sensaciones que experimente. Es como si su mente estuviese descansando ahí. Entonces, cuando esté usted listo, soltará su atención, permitiendo que la conciencia de esa parte del cuerpo se disuelva mientras libera la tensión en esa área. Después llevará su conciencia de la misma manera hacia la siguiente región. Cada vez que su mente divague, llévela de regreso a la región en la que se está enfocando, sin emitir juicios. Daremos instrucciones comenzando por el pie izquierdo. Entonces, pasaremos de modo similar a las otras partes del cuerpo.

5. Lleve la atención afable y franca hacia los dedos de su pie izquierdo, permitiéndole a su mente descansar ahí. Imagine que está usted inhalando y exhalando con sus dedos. Quizás se imagine cómo su aliento al inhalar fluye por su nariz, pulmones, abdomen y piernas hasta sus dedos y, entonces, su aliento al exhalar sale de sus dedos y recorre su cuerpo hasta llegar a su nariz. Permítase sentir cualquiera y todas las sensaciones en los dedos de los pies —la presión de la tobillera, la temperatura, el flujo sanguíneo, las pulsaciones, la relajación, la tensión, etc.— Advierta

cualquier cambio en estas sensaciones mientras respira. Si no siente nada, está bien. Simplemente advierta cualquier cosa que haya que experimentar, sin hacer comentarios ni emitir juicios. Cuando esté listo para dejar esta región, inhale profunda e intencionalmente, siguiendo el aliento de nuevo hasta los pies. Al exhalar, permita que la conciencia de los dedos de los pies desaparezca, liberando cualquier tensión o incomodidad que su cuerpo esté dispuesto a liberar en este momento, mientras lleva usted la conciencia a la siguiente región del cuerpo (la planta de su pie izquierdo). Permítale a su conciencia permanecer de la misma manera en la siguiente región durante varias respiraciones, antes de continuar. Conforme surjan los pensamientos, diga en voz baja: "Pensando, pensando." Gentilmente lleve su conciencia de regreso a la región del cuerpo y a su respiración. Aborde cada región con la mente del principiante, como si nunca antes hubiese prestado atención a esa región. Observe cualquier cosa que experimente sin tensarse ni emitir juicios, pero con una conciencia gentil, alegre y compasiva. Repita el proceso con cada parte del cuerpo:

Dedos del pie izquierdo
Planta del pie izquierdo
Talón izquierdo
Parte superior del pie izquierdo

Tobillo izquierdo
Espinilla y pantorrilla izquierdas
Rodilla izquierda
Muslo izquierdo
Ingle izquierda
Cadera izquierda
Dedos del pie derecho
Planta del pie derecho
Talón derecho
Parte superior del pie derecho
Tobillo derecho
Espinilla y pantorrilla derechas
Rodilla derecha
Muslo derecho
Ingle derecha
Cadera derecha
Región pélvica, genitales y nalgas
Parte baja de la espalda
Parte superior de la espalda
Espina dorsal
Estómago
Pecho
Costillas
Corazón
Pulmones
Omóplatos
Clavículas
Hombros
Dedos de la mano izquierda

Palma de la mano izquierda
Parte posterior de la mano izquierda
Muñeca derecha
Antebrazo derecho
Codo derecho
Antebrazo derecho
Axila derecha
Cuello y garganta (advierta cómo fluye el aire)
Nariz (advierta cómo fluye el aire y los olores,
    sin emitir juicios)
Oreja izquierda
Oreja derecha
Ojos
Mejillas
Frente
Sienes
Quijada y boca
Rostro
Coronilla

6. Ahora, sea consciente de todo su cuerpo, respi-
    rando con serena constancia. Vaya más allá de
    sus pensamientos y sienta la totalidad del cuer-
    po. Advierta lo que se esté moviendo o cam-
    biando. Respire a través de orificios imaginarios
    en su cabeza y pies. Inhale a través de la ca-
    beza, siguiendo el aliento durante la inhalación
    hasta el estómago y, durante la exhalación, siga
    el aliento por las piernas y hacia afuera de los

dedos de los pies. Después inhale a través de los pies, siguiendo la inhalación hacia el estómago y la exhalación a través de la cabeza. Por último, sienta todo su cuerpo respirando como olas sobre la superficie del océano, mientras usted observa desde las tranquilas y serenas profundidades.

Ejercicio: Meditación de la sonrisa

Esta hermosa meditación nos recuerda que la felicidad ya existe dentro de nosotros como parte de nuestra naturaleza dichosa y verdadera. Es bueno ponerla en práctica al inicio y a lo largo del día. Concédase de diez a quince minutos para esta meditación.

1. Adopte la postura del meditador, sentándose cómodamente erguido, con los pies firmes sobre el piso y las manos descansando cómodamente sobre el regazo. La espina dorsal está recta como una columna de monedas de oro. El tronco superior se encuentra relajado pero erguido, descansa con gallarda dignidad como una majestuosa montaña. Permita que sus ojos se cierren. Deje que su respiración le ayude a instalarse en su mente sabia y apacible.

2. Piense en los aspectos alegres y agradables de su verdadera naturaleza dichosa o mente sabia. Imagine por un momento cómo sería sonreír.

Quizás advierta que la simple idea de una sonrisa suele evocar la sensación de estar contento, feliz, relajado y sensible. Sólo el pensar en sonreír relaja y suaviza su rostro.

3. Ahora permita que se forme en su rostro una genuina sonrisa —tal vez una pequeña centella que hace que sus ojos brillen, relajando su rostro y quijada. La sonrisa se extiende a través de su rostro bañándolo, suavizándolo y reconfortándolo.

4. Imagine que la sonrisa se extiende al cuello y la garganta, trayendo consigo la felicidad. Simplemente sienta la dicha en esa región, permitiéndole a su mente descansar ahí.

5. Deje que la felicidad se extienda a los pulmones; sienta el consuelo que lleva a esa región. Quizás ahí se sienta la felicidad como una luz caliente. Cualquiera que sea la forma que ésta tenga, sólo acéptela y déjela estar.

6. Ahora, permita que esa sensación de felicidad inunde el corazón, calentándolo y reconfortándolo. Respire y deje a la mente descansar ahí. Sólo permítale a la felicidad instalarse en su corazón.

7. Permita que la alegre sensación de esa sonrisa se extienda al estómago y hacia otras áreas del cuerpo en las que desee concentrarse. Simplemente sienta la felicidad en cada región del cuerpo.

8. Contenga cualquier pensamiento que surja con atenta cordialidad y vuelva a sentir la sonrisa y la felicidad en el cuerpo. Concluya sintiendo

cómo todo su cuerpo respira y es reconfortado por la tranquilizadora y dichosa sensación de una sonrisa.

Ejercicio: Sentarse con las emociones

Las técnicas de meditación ofrecidas anteriormente en este capítulo lo han preparado para el siguiente y muy poderoso método para acallar las emociones angustiantes y, por consiguiente, cuidar de usted mismo. Esta meditación nos enseña a permanecer serenos e impávidos en la presencia de cualquier emoción que surja, buena o mala.

El maestro tibetano, Sogyal Rimpoché (1993) nos enseña que el dragón, el cual representa nuestros temores y sufrimientos, vigila nuestro mayor tesoro. En otras palabras, si podemos vencer la tendencia a escapar de nuestros temores y sufrimientos, entonces podremos descubrir las enormes reservas de paz y fortaleza que se encuentran dentro. Chieko Okasaki (1993) relata la historia de una aldea japonesa que vivía aterrorizada por un dragón nunca antes visto que rugía desde su cueva en las colinas cercanas. Un día, un niño decidió aproximarse a la cueva e invitar al dragón a su fiesta de cumpleaños. A pesar del potente rugido y del copioso humo del dragón, el niño le suplicó al dragón que aceptara. Convencido finalmente de que el niño era sincero, el dragón rompió en llanto.

Sus lágrimas eran tan abundantes, que formaron un río por donde el dragón y el niño llegaron flotando hasta la casa de éste. La conciencia compasiva cambia las cosas de una manera maravillosa.

Sin duda la mente sabia es vasta, amorosa y receptiva —lo suficientemente amplia y profunda para contener cualquier emoción angustiante—. Así, podemos estar abiertos a cualquier cosa que exista, traspasando las emociones angustiantes con una bondad amorosa y curativa. En vez de luchar contra los pensamientos, los recuerdos y las emociones, podemos aprender simplemente a cobijarlos, recordando así la compasión. Es como sentarse con un ser amado que sufre, escucharlo y decir: "Háblame de ello. Lo que sea, está bien." Escuchamos sin juzgar hasta que el sufrimiento desaparece y/o la persona modifica su respuesta al sufrimiento —relajándose en vez de luchar contra él.

En esta meditación, aprendemos a observar las emociones angustiantes desde la vasta y desapegada perspectiva de la mente sabia. El sufrimiento es impersonal; no nos identificamos con el sufrimiento ("Hay sufrimiento", en vez de "tengo sufrimiento" o "soy el sufrimiento"). Recordando que la mente ordinaria produce mucho sufrimiento mientras nos resistimos a éste ("¿Por qué tengo que sufrir? No es justo. No puedo soportar este sufrimiento"), modificamos nuestra respuesta al sufrimiento permitiéndole la entrada. Sin embargo, en vez de contenernos y tensionarnos mientras luchamos contra él, nos relajamos dentro del sufrimiento con total aceptación. No juzgamos las emociones como buenas o malas; por el contrario, las aceptamos con ecuanimidad, permitiendo que el amor penetre y disuelva el sufrimiento. Es recomendable que esta meditación se practique durante treinta minutos o más cada día, por lo menos durante una semana.

1. Adopte la postura del meditador, sentándose cómodamente erguido, con los pies firmes sobre el piso y las manos descansando cómodamente sobre el regazo. La espina dorsal está recta como una columna de monedas de oro. El tronco superior se encuentra relajado pero erguido, sentado con gallarda dignidad como una majestuosa montaña. Permita que sus ojos se cierren. Deje que su respiración le ayude a instalarse en su mente sabia y apacible.

2. Recuerde las actitudes clave de aceptación, compasión y abstención. Recuerde que ya es usted perfecto. Utilice la mente del principiante mientras explora una nueva forma de experimentar las emociones.

3. Sea consciente de su respiración durante algunos minutos. Permítale a su abdomen estar flexible y relajado, obsérvelo elevarse y descender mientras inhala y exhala, llegando a mantenerse sosegado, tranquilo, sereno, estable y realmente presente.

4. Esté consciente de cualquier sensación en su cuerpo, cualquier sensación que viene y va, sin emitir juicios ni tratar de modificarla.

5. Siempre que sienta su mente divagar, felicítese por percibirlo. Recuerde que los pensamientos no son usted y lleve su conciencia gentilmente de regreso a la respiración y a la percepción de su cuerpo.

6. Recuerde una situación difícil —tal vez alguna que se relacione con el trabajo o con otra relación— y las sensaciones de desvalorización, inadecuación, tristeza o preocupación por el futuro que se relacionan con ella. Abra un espacio a esta situación. Preste mucha atención a las emociones. Cualquier cosa que esté sintiendo es buena. Acoja las emociones con cordialidad, de la misma manera que acogería a un viejo amigo.

7. Perciba la región del cuerpo en la que siente las emociones (su estómago, pecho o garganta, por ejemplo). Permítase sentir las emociones por completo, con total aceptación. No piense: "Me soltaré y dejaré que estas emociones entren por un minuto, a fin de deshacerme de ellas". Esto no es total aceptación. Por el contrario, cree un espacio que permita a las emociones ser completamente aceptadas.

8. Inhale hacia esa región del cuerpo con gran amor, como si el aire fresco y la luz del sol entraran en una habitación mucho tiempo ignorada y oscurecida. Siga su aliento hacia la nariz,

la garganta, los pulmones, y después hacia la región del cuerpo en donde percibe las emociones angustiantes. Después siga el aliento hacia el exterior de su cuerpo hasta que se serene. Puede pensar en una sonrisa amable, amorosa y de aceptación mientras lo hace. No se resista ni luche contra ella. Sólo acójala sin juzgarla, con verdadera aceptación, profunda atención, benevolencia y serenidad. Permita que el cuerpo se relaje y se abra alrededor de esa área. La mente sabia es lo suficientemente vasta para contener estas emociones con gran compasión; el amor es lo suficientemente grande para acoger, recibir y traspasar la incomodidad. Permítale a su aliento acariciar y apaciguar las emociones igual que lo haría con su adorado bebé que duerme.

9. Visualice la incomodidad desde la desapasionada perspectiva de la mente sabia. Es como si estuviera observando a las olas de la incomodidad elevarse sobre la superficie y después ser reabsorbidas hacia el interior del vasto océano. Las olas vienen y van sin cambiar la naturaleza básica del océano. Si lo encuentra útil, puede pensar en los seres queridos que relacione con la bondad y permitir que esa bondad penetre su conciencia mientras recuerda esa difícil situación. Simplemente observe lo que les sucede a las emociones sin tratar de modificarlas.

10. Cuando esté listo, respire profundamente en esa región del cuerpo y, mientras exhala, dirija su concentración hacia su cuerpo como un todo. Preste atención a la respiración de todo su cuerpo, permaneciendo consciente de la total, vasta e ilimitada compasión de la mente sabia, que contendrá cualquier sufrimiento que surja y desaparezca. Su atención ahora se extenderá hacia los sonidos que está escuchando, llevándolos al interior de la conciencia sin hacer comentarios ni emitir juicios. Sienta el aire contra su cuerpo; sienta todo su cuerpo respirar. Perciba todo aquello de lo que está consciente, con un corazón bondadoso y receptivo.

11. Para concluir, diga para sí mismo las siguientes intenciones: "Que recuerde la bondad. Que sea feliz. Que sea perfecto."

Mientras seamos seres humanos... el amor propio existirá.
DALAI LAMA

Terapia cognitiva basada en la conciencia

De la Terapia Cognitiva, TC, aprendemos una manera útil para enfrentar el dramatismo que tiene un papel en la mente ordinaria: primero nos hacemos conscientes de nuestros pensamientos automáticos distorsionados y luego los reemplazamos por otros pensamientos más constructivos. Esto suele reducir la severidad de las emociones angustiantes que experimentamos. Se puede llegar a un mayor alivio volviéndonos conscientes de nuestras inexactas convicciones intrínsecas y reemplazándolas. En el capítulo 3 utilizamos el ejemplo de fallar en una prueba de ascenso. Esta situación disparó varios pensamientos negativos y absurdos, que derivaron en sensaciones de depresión y ansiedad. Semejante pensamiento era: "Volveré a fallar el examen. Será horrible." Reemplazar semejantes pensamientos con otros más lógicos ("Si me preparo con mayor efectividad, tal vez pase") reduce de algún modo la angustia. En la TC se le hace a la persona una serie de preguntas que están diseñadas para ayudarle a revelar la convicción intrínseca, como "¿por qué sería tan malo fallar nuevamente el examen?" y "¿qué diría eso de ti?" Semejantes preguntas revelan la llamada convicción intrínseca, la cual se ve cuestionada y reemplazada. Por ejemplo, una persona podría responder que si falla nuevamente en el examen probaría que es incompetente. La deficiente lógica de esta convicción intrínseca se ve cuestionada (por ejemplo, "evidentemente, no siempre y de cualquier manera soy incompetente"), proporcionando así un consuelo adicional.

Las convicciones intrínsecas a menudo se aprenden a temprana edad. Con frecuencia adquieren las siguientes formas:

- "Soy incompetente [débil, inadecuado, inútil, descontrolado, no lo suficientemente capaz, malo]."
- "Soy antipático [no grato, indeseable, rechazable, diferente, malo]." (Beck 1995)

Aunque se conocen como "convicciones intrínsecas", éstas no reflejan lo intrínseco con exactitud; son sólo pensamientos de la mente ordinaria. Puesto que fueron adquiridas a temprana edad en la vida, están acompañadas de fuertes emociones difíciles de desechar. La lógica no acalla completamente las emociones. ¿Quién no se ha sentido a veces genuinamente incompetente o antipático? Una mujer decía: "Cuando me levanto toda despeinada e irritable, no puedes decirme que soy adorable." Como decía el maestro zen, Seng-Ts'an: "Si trabajas en tu mente con tu mente, ¿cómo puedes evitar la enorme confusión?" (Hayes, Strosahl y Wilson 1999, 12). Podríamos decirlo de otro modo: "El solo hecho de pensar, por lo general resulta insuficiente para modificar creencias y emociones profundamente sostenidas."

Tristemente, un "duro" criminal dijo en cierta ocasión: "¡No comprenden que un criminal es quien yo soy!" No lo había suavizado la posibilidad de que la propia percepción de su identidad fuese sólo un pensamiento. Se había aferrado al pensamiento de la mente ordinaria como si fuese la verdad absoluta, dejando que los pensamientos dirigieran su conducta y concepto de sí mismo, impidiendo así la transformación. Las convicciones intrínsecas tienen una forma de atrincherarse en la mente ordinaria. Son difíciles de desarraigar simplemente con la lógica.

La terapia cognitiva basada en la conciencia, TCBC (*Mindfulness-Based Cognitive Therapy*) (Segal, Williams y Teasdale 2002; McQuaid y Carmona 2004) vuelve a colocar al corazón en el panorama, ofreciendo así una forma complementaria de manejar las emociones y los pensamientos perturbadores. Este método se enfoca principalmente en las sensaciones (de ser antipáticos, incompetentes, etc.). En vez de combatir los pensamientos distorsionados, aprendemos a aceptar los pensamientos y las emociones, permitiendo que disminuyan en intensidad mientras nos sentamos con ellos con afabilidad —observándolos desde el punto de vista objetivo de la mente sabia—. Nos desconectamos de la cavilación, pasando por debajo de los pensamientos y conteniendo las emociones con la compasión de un corazón blando hasta que se dulcifiquen.

El siguiente método ofrece una forma más fácil y natural de llegar a las convicciones intrínsecas. Intente esta práctica varias veces en el curso de la siguiente semana, hasta que se sienta a gusto con la técnica (ver el ejemplo en la figura 6).

1.   Identifique una dificultad que le haya provocado emociones perturbadoras. Escríbala. Debajo de ésta, describa y califique la intensidad de las **emociones resultantes**.

2. En la primera de dos columnas, escriba sus pensamientos automáticos, sin emitir juicios. Simplemente respire y, de manera serena, anótelos.

3. En la segunda columna, escriba una respuesta consciente para cada pensamiento automático. Las respuestas conscientes son oraciones o frases breves que reflejan la aceptación y la bondad sin tratar de modificar los pensamientos automáticos. Los siguientes ejemplos le podrán servir de ayuda para elegir las respuestas adecuadas:

"Al pensar que..."

"Es sólo un pensamiento."

"Al creer que..."

"Aceptar este pensamiento..."

"Sin emitir juicios."

"Así es esto" (éste es excelente para los "debería", como "debería haber sabido" o "yo no debería ser así)."

"Está bien (sonriendo, simplemente manteniendo ese pensamiento con afable conciencia)."

"Esto es difícil. Recuerdo la cordialidad. El amor es más profundo que este pensamiento."

"Al sentir compasión..."

"Respirar, permitiéndole a ese pensamiento instalarse en el cuerpo..."

"Mantener este pensamiento sutilmente en la conciencia..."

"Recordar la paciencia y no la no rivalidad..."

"Simplemente sentarse con este pensamiento y emoción..."

"Contener este temor con compasión...está bien tener miedo."

"Aceptar la decepción..."

"La mente del principiante..." (este es especialmente útil cuando pensamos "no puedo hacer esto" o "soy un perdedor)."

"Aceptar ese pensamiento y, después, dejarlo ir."

4. Siéntese por algunos momentos con cada pensamiento automático sin tratar de modificarlo. Perciba qué emociones y sensaciones provoca en su cuerpo cada pensamiento. Respire con benevolencia, sin juzgar los pensamientos ni las emociones, sin reaccionar emocionalmente ni combatirlos, mientras mantiene en la conciencia la respuesta diligente a cada pensamiento automático. Observe si cambia la intensidad de los pensamientos o emociones mientras los examina desde la perspectiva de la mente sabia.

Figura 6
Técnica MBCT de doble columna

Dificultad: Mi computadora se congela mientras trabajo en un proyecto importante en casa durante la noche.

Emoción(es) resultante(s)	Evaluaciones internas	Evaluación después de sentarse con la Convicción Intrínseca
Enojo	8	6
Frustración	7	5

Pensamientos automáticos	Respuesta consciente
No puedo soportar que esto suceda	Pensar que no puedo soportar esto
Esto debe corresponder a lo que pagué por hacerlo	Así es esto —aceptación
Debo cumplir con el plazo	Respirar; aceptar que esto es difícil
Debo ser sobresaliente	Creer en la idea de que debo ser sobresaliente

5. Descubra la convicción intrínseca. En cuanto a la situación angustiante, puede usted hacerse preguntas como "¿Por qué es esto tan malo?" "¿Qué es lo peor de esto?" "¿Qué da a entender esto de mí?" y "¿Cuál es la herida o el temor

más profundos?" Quizás sea el temor a ser incompetente o la sensación de estar solo, incapaz
de obtener la ayuda que necesita, tal como se
sentía cuando era un niño. En nuestro ejemplo,
puede darse cuenta de que podría no cumplir
con el plazo que su jefe le impuso porque su
computadora está descompuesta; que el jefe
podría criticarlo y que usted podría reaccionar
pensando (y sintiendo) que es usted incompetente —la convicción intrínseca.

6. Siéntese con la convicción intrínseca (y la emo-
    ción) tal como aprendió a hacerlo en el anterior
    ejercicio *Sentarse con las emociones*. Esto es, perciba
    la emoción sin emitir juicios ni reaccionar emo-
    cionalmente. Manténgala en el cuerpo, traspa-
    sándola con una reconfortante bondad hasta
    que la convicción intrínseca y la emoción rela-
    cionada comiencen a disminuir en intensidad.
    Recuerde la dignidad y el incalculable valor de
    cada individuo.

7. Vuelva a calificar las primeras emociones en la
    figura 6. Perciba cómo podrían éstas haber dis-
    minuido en intensidad.

Observe que la MBCT no modifica la situación;
simplemente modifica nuestra respuesta a tal situación. Nos enseña a disminuir la intensidad de nuestras reacciones emocionales, de manera que podamos
desempeñarnos lo mejor posible.

Ejercicio: Viaje en el tiempo

Esta estrategia nos ayuda a hacer contacto afectuoso con nuestras personalidades pasadas, aliviando las vivencias dolorosas de hace mucho tiempo que podrían haber derivado en sentimientos de incompetencia, rechazo, debilidad, humillación, soledad o lo que se le parezca. Tómese aproximadamente treinta minutos para realizar este ejercicio.

1. En un sitio donde no sea interrumpido, siéntese en la posición de meditación, con los pies firmes sobre el piso y las manos descansando sobre el regazo. La espina dorsal está erguida, como una columna de monedas de oro. El tronco superior se encuentra relajado pero cómodamente erguido, sentado con gallarda dignidad como una majestuosa montaña. Permita que sus ojos se cierren. Deje que su respiración le ayude a instalarlo en su apacible mente sabia.

2. Piense en una vivencia dolorosa de su pasado. Llame a la persona que experimenta la vivencia dolorosa su "Yo más joven". Su Yo actual, el "Yo más sabio", comprende el poder curativo de la compasión y posee mayor aptitud y experiencia que la que poseía el Yo más joven.

3. Imagine que el Yo más sabio retrocede en el tiempo para visitar al Yo más joven durante esa difícil etapa. El Yo más sabio aprecia el alma del

Yo más joven y sabe que el maltrato o el error que el Yo más joven ha experimentado no es lo que el Yo más joven es en el interior. Por la gentil manera en la que el Yo más sabio mira, habla y toca al Yo más joven, ayuda a éste a sentirse más seguro, protegido y amado. Desde el punto de vista de la vivencia, el Yo más sabio percibe y proporciona lo que el Yo más joven necesitaba en ese entonces, llámese aliciente, protección física, orientación, esperanza, un abrazo, un guiño o palabras reconfortantes. El Yo más joven acepta esta bondad, descansando en ella. Sienta cómo esto sucede.

Ejercicio: El espejo consciente

Intente esta práctica cada vez que se mire al espejo durante los próximos días.

Mírese directa y profundamente a los ojos con genuina y sincera bondad. Vea más allá de las arrugas o las manchas. Si percibe fatiga en sus ojos, intente reconocerla y comprenderla y dejar que la fatiga desaparezca. Siga viéndose a los ojos, quizás con una amable y ligera sonrisa y una sensación de afable aceptación y buen humor, tocando el alma con benevolencia.

No suele ser el pensamiento ni el tiempo lo que cura
sino el amor.
ANÓNIMO

6. CULTIVE LA ALEGRÍA

La vida es difícil y uno de sus mayores retos es disfrutarla. Cultivar más alegría en la vida promueve la autoestima, basando nuestra confianza en nuestra capacidad para experimentar dominio y placer. Crear un espacio para el deleite recreativo también es una manera de cuidar de nosotros mismos. Puesto que la autoestima y la felicidad están firmemente correlacionados (Brown, Schiraldi y Wrobleski 2003), y como es probable que al intensificarse la felicidad se eleve la autoestima, este capítulo aborda las maneras de intensificar la felicidad y el sano placer.

Aunque la felicidad es de una condición más duradera y continua que el placer, las actividades que promueven el sano placer (las actividades que toman en cuenta el bienestar propio y el de los demás y que, además, no causa daño alguno) también resultan provechosas. Por ejemplo, algunos estudios han demostrado que la simple intensificación de los sucesos placenteros puede elevar el estado de ánimo tan eficazmente como intentar eliminar las distorsiones (Jacobson y Christensen 1996). Antes de analizar los métodos para intensificar la felicidad y el sano placer, examinemos los factores que pudieran socavar nuestros esfuerzos.

Los mitos de la felicidad

Ciertos mitos que pueden ser fácilmente cuestionados, parecen reducir nuestra capacidad para disfrutar la vida:

- *Debo tener riquezas para poder disfrutar la vida.* Una vez que el ingreso de una persona se eleva por sobre el nivel de la pobreza, la cantidad de dinero que posee guarda poca relación con su felicidad. De hecho, las personas suelen ser más felices cuando su pasatiempo no es costoso y requiere de su activa participación. Así pues, no resulta extraño que un pasatiempo pasivo, como ver la televisión, tienda a deprimir el estado anímico de las personas. Suelen surgir mayores beneficios al sumergirse en actividades que requieren de la aportación de nuestras habilidades, como leer o ayudar a otros.

- *El juego es algo inmaduro o incorrecto.* Tal como Gandhi explicaba, no es el placer sino el placer sin conciencia lo que corrompe la conciencia. El sano placer intensifica la felicidad y la productividad.

- *Todo trabajo debe ser completado antes de experimentar placer.* Llevado hasta su extremo ilógico, este mito evitaría que todo el mundo sintiera placer puesto que siempre hay más trabajo del que se puede realizar.

- *Sólo importa el resultado y no el proceso.* El proceso es una travesía que se puede disfrutar. El truco está en encontrar satisfacción en nuestro trabajo y en los demás aspectos de la vida. ¿Acaso nos hace algún bien ser ricos en logros pero pobres en alegría?

- *Debo "alcanzar el éxito" para ser valioso; mi valor al jugar es menor que mi valor cuando produzco.* Esta afirmación equipara equivocadamente el valor comercial con el valor intrínseco. El valor intrínseco es el mismo ya sea que estemos durmiendo, jugando o produciendo.

- *El placer disminuye la productividad.* Sin duda, podemos llevar el placer a los extremos o utilizarlo para evadir las responsabilidades de la vida. Sin embargo, las personas felices tienden a ser más productivas y a tomar mejores decisiones que aquellas que son desdichadas.

- *Mis errores y defectos me descalifican para merecer placer.* Los errores y defectos nos hacen propensos a equivocarnos, pero nunca intrínsecamente indignos o desvalorizados.

- *Con todo el abatimiento y los problemas del mundo, es casi imposible ser feliz.* De hecho, la mayoría de las personas es feliz, independientemente del género, la raza, la edad, el estatus laboral e incluso la discapacidad física y mental.

- *Debo ser atractivo para ser feliz.* La felicidad es un trabajo interior y relativamente independiente de la apariencia.

El éxito es ser feliz. La felicidad es amarte a ti mismo, amar a los demás y poder hacer las cosas que te gustan. A mí me gusta escalar rocas, surfear y pintar, por nombrar algunas.

MIKE DOLAN, EX ESTUDIANTE

Una minuciosa evaluación médica o psicológica

En unos momentos, abordaremos las estrategias para intensificar la felicidad y el sano placer. Sin embargo, por lo general resulta de gran utilidad tratar primero las condiciones que puedan degradar nuestro estado anímico y nuestra capacidad para sentir placer, algunas de las cuales se enlistan a continuación:

- Los padecimientos mentales comunes como la depresión, la ansiedad y el enojo crónico se encuentran asociados con la desdicha. El maltrato, la violación, el combate, los accidentes industriales o de tránsito, el crimen, el terrorismo, la tortura, el trabajo de policía, bombero o de otro servicio de emergencia pueden dar origen a un tipo de trastorno de la ansiedad, el trastorno por estrés postraumático, TEPT (*post-traumatic stress disorder*).

- Al desequilibrio de la tiroides se le conoce como "el gran imitador" porque puede causar depresión, ansiedad, síntomas premenstruales, pérdida senil de la memoria, altos niveles de colesterol, sobrepeso y muchos otros síntomas que afectan la mente y el cuerpo.

- La apnea del sueño se caracteriza por un ronquido que se inicia y se detiene frecuentemente durante la noche. Este padecimiento puede causar una falta de oxigenación que nos lleva a sentirnos deprimidos, fatigados y sexualmente inapetentes. Es también un factor de riesgo para las jaquecas, los ataques cardíacos, alta presión sanguínea e infartos.

- El colesterol elevado puede algunas veces provocar depresión, al igual que la diabetes.

Todos estos padecimientos se pueden tratar o controlar con éxito con el apoyo médico o psicológico adecuado. Una prueba de la hormona estimulante para la tiroides, TSH (*thyroid stimulating hormone*) puede detectar los problemas de la tiroides que las pruebas sanguíneas normales a veces pueden pasar por alto. Se pueden utilizar varias estrategias para el manejo del estrés junto con el tratamiento contra varios de estos problemas. Estas estrategias incluyen la respiración abdominal, la relajación sistemática, el ejercicio, la nutrición, la higiene del sueño, la administración del tiempo y las habilidades interpersonales o de comunicación. Dejar de fumar puede también reducir el estrés y los cambios de ánimo. El TEPT puede ser tratado de una mejor manera por un especialista particularmente capacitado en trastornos traumáticos (ver Fuentes de Recomendación al final de este libro).

Glenn R. Schiraldi

Conciencia diaria

La conciencia nos ayuda a estar completamente presentes en el momento, sin dejar que nuestros pensamientos apresurados (preocupaciones, planes, juicios, etc.) nos saquen del momento. La conciencia diaria tiene las ventajas de la meditación consciente, que es una manera de estar serenos y alegres (ver capítulo 5). Durante los siguientes días, elija al menos una actividad que experimentará conscientemente (vea la siguiente lista de sugerencias). Utilice su respiración para instalar su mente en su cuerpo ya que observará y disfrutará todos los aspectos de la actividad. Conforme respira, permítase descansar en su mente sabia, sintiéndose sereno y tranquilo. Tal vez sonría ligeramente mientras se relaja en el momento presente, sabiendo que cada momento puede ser tranquilo y hermoso. Si un pensamiento se entromete, simplemente perciba el pensamiento con una actitud cordial y gentilmente lleve toda su atención de regreso a la actividad. Simplemente experimente el suceso por completo, percibiendo las cosas que con frecuencia pasamos por alto en nuestras vidas apresuradas. Lentamente admita todas las sensaciones —sabores, apariencias, aromas, sonidos, texturas— y perciba cómo su cuerpo se siente antes, durante y después de realizar la actividad. Intente realizar la actividad sin enfocarse en nada más. Observe desde la perspectiva de la compasiva mente sabia. Puede elegir una de las siguientes actividades:

- Observar algo en la naturaleza, como las nubes, la lluvia, las estrellas, la luna, una flor o un árbol
- Tomar un almuerzo
- Conducir su automóvil
- Lavar el automóvil
- Lavarse los dientes
- Tomar un baño
- Lavarse las manos
- Lavar los trastes
- Caminar (percibir cada sensación en sus piernas mientras se mueve conscientemente y sus pies tocan el piso)
- Sentarse al sol
- Escuchar a alguien atentamente (sin emitir juicios ni pensar en lo que dirá; perciba lo que siente su cuerpo y lo que está en su corazón; intente analizar lo que esa persona siente en su corazón)
- Cargar a un bebé
- Meterse en la cama
- Realizar un pasatiempo
- Jugar un juego de niños
- Hacer ejercicio
- Escuchar o contar un chiste (perciba lo que se siente al divertirse)
- Hacer planes de manera espontánea (podría dedicar un día a la recreación, sin hacer más planes que ir al zoológico, pasear por la ciudad o simplemente disfrutar cualquier cosa que surja. Puede hacer esto solo o con un acompañante)

Nadie puede vivir sin la recreación, por eso es que un hombre privado de la alegría del espíritu se involucra en los placeres carnales.

SANTO TOMÁS DE AQUINO

Gratitud

Las personas dichosas tienden a ser agradecidas. Los pesimistas tienden a ver un vaso de agua medio lleno y piensan: "¿Por qué sólo está medio lleno? ¿Por qué no puede estar completamente lleno?" La persona que es feliz piensa: "Qué hermosa agua clara." De nuevo, la conciencia nos ayuda. Los maestros espirituales de Oriente nos enseñan que podemos estar contentos en cualquier circunstancia, incluso cuando intentemos mejorarla. Al mismo tiempo, el apego provoca la desdicha. Si exigimos dinero, apariencia, posesiones, títulos o una forma particular de ser tratado por los demás, entonces todo eso estará controlando nuestra felicidad. Si usted insiste en tener una prestigiosa posición, por ejemplo, ¿Cómo se sentirá si no la tiene o no puede conseguirla? Si la tiene, podría preocuparle perderla. Si su autoridad se ve cuestionada, entonces podría enfadarse. La gratitud, sin embargo, nos permite celebrar todo lo que disfrutamos sin aferrarnos a las cosas que poseemos ni a las cosas de las que carecemos. Entonces, podemos disfrutar al observar las nubes ya sea desde una mansión, una choza o una prisión.

A continuación encontrará algunas ideas para experimentar mayor gratitud:

- Intente mantener un diario de gratitud. Cada día anote tres o cuatro cosas por las que se haya sentido agradecido durante las últimas veinticuatro horas. Observe si su ánimo ha mejorado después de aproximadamente una semana. Si es así, siga escribiendo el diario de gratitud.

- Piense en las personas que han influido positivamente en su vida. Quizás desea expresarles su sincera gratitud en una llamada telefónica o en una nota.

- Por último, juegue el juego de los recuerdos con sus amigos o seres queridos. Simplemente diga: "¿Recuerdas cuando hicimos esto y esto? ¿No fue divertido? ¿No nos reímos?"

¿Cuánto dinero se necesita para ser felices? Un poco más de lo que tenemos.

JOHN D. ROCKEFELLER

Completar oraciones

Otra manera de abordar los acontecimientos placenteros es a través de la actividad de completar oraciones. En esta estrategia se requiere responder lo más rápido posible, sin pensar ni preocuparse por el sentido de sus respuestas. Se da por hecho que las ideas más importantes ya están dentro de nosotros y saldrán de manera espontánea. Puede intentarlo con otra persona o con varias personas sentadas en círculo. Cada persona menciona en voz alta la primera parte de una oración y luego la concluye con la primera idea que le venga a la mente. Se prosigue hasta que las ideas para esa primera parte de la oración se hayan agotado y, entonces, se pasa a la siguiente primera parte de otra oración. Si prueba esta estrategia usted solo, simplemente enliste sus respuestas en una hoja de papel. Pruebe con estas primeras partes de una oración:

Lo que me ocupaba y divertía cuando niño era...
Mi idea de un buen momento es...
Mi idea de un placer sencillo es...
Algo que hacía de niño y que aún disfrutaría es...

Esta estrategia es una manera agradable de estimular el razonamiento creativo. Un hombre, que había crecido en el seno de una familia diplomática, me sorprendió al decir que su idea de un buen momento era leer el periódico en un pórtico (en cierto modo, pensé que diría algo como asistir a la ópera o visitar un famoso museo). Cuando comencé a utilizar esta estrategia, pensaba en los placeres sencillos que había disfrutado cuando era niño y que podría seguir disfrutando, como trepar un árbol o jugar un juego de niños. Así pues, sugerí que mi familia jugara Luz Roja, Luz Verde en las reuniones familiares y así lo hicimos hasta que los niños ya eran demasiado mayores. Me sentí un poco triste al no poder convencer a los adultos de que siguieran jugándolo de todas formas porque nos reíamos mucho. Sin embargo, aún sigo reclamando algunos de los placeres sencillos de la niñez, como disparar flechas al aire con el mismo arco con el que solía jugar cuando era niño.

Las tradiciones

Una tradición es algo que se disfruta y se repite; es regresar a lo agradable y familiar. También es lo que perdemos —junto con algo de nuestra humanidad— cuando estamos demasiado ocupados o tenemos poco tiempo libre. Casi todas las personas poseen una o dos tradiciones que atesoran. Muchas de éstas pueden ser preservadas o restituidas. Para algunos, la tradición podría ser una celebración festiva. Para otros, las tradiciones pueden ser simples, como sentarse a cenar los domingos por la noche (una mujer decía que su tradición del Día de las Madres era ir a cualquier restaurante donde no tuviera que mirar hacia arriba para ver el menú). Algunas parejas reservan las noches de viernes para salir y algunas familias apartan una noche a la semana para jugar juntos, contar historias edificantes y compartir un postre. Una tradición también podría ser trabajar juntos como una familia o señalar alguna noche para estar con los amigos, pues solemos perder a los amigos cuando estamos demasiado ocupados para verlos.

La imagen de maestría y competencia

Felicítese si ha llegado hasta aquí en la vida y si se las ha arreglado para conservar un grado razonable de cordura. ¿Recuerda algún momento de su vida en el que se haya enfrentado a un reto y lo haya superado por más difícil que fuera? Podría pensar en haber dominado una materia difícil en la escuela, interpretar una complicada pieza musical o desempeñarse bien en una competencia deportiva, resolver un conflicto con otra persona o tener miedo pero perseverar de cualquier manera. ¿Recuerda lo bien que se sintió? Para sobrevivir, cada uno de nosotros tuvo que vencer ciertos retos. Tómese unos minutos para identificar algunos de estos momentos. Anótelo en una hoja de papel. Ahora tómese un tiempo para concentrarse en una de estas vivencias, quizás con la que mejor se siente. La llamaremos "imagen de maestría y competencia." Adopte su postura de meditación —los pies firmes sobre el piso, la espalda cómodamente erguida, las manos descansando sobre el regazo— y relájese con su respiración. Imagine la experiencia detalladamente: lo que hizo, sintió, observó, escuchó y experimentó en su cuerpo. Tómese su tiempo, recordando los detalles hasta que la experiencia se convierta en algo vívido en su imaginación. Después anote todos estos detalles en una libreta o en una hoja de papel (anotarlos ayuda a que los detalles se vuelvan más vívidos y concretos). Ésta será su imagen de maestría y competencia. Puesto que esta imagen ha sido dibujada a partir de su vivencia real, este ejercicio evoca las poderosas sensaciones de confianza y satisfacción que suelen reemplazar a las emociones negativas y elevar la autoestima.

A continuación, identifique una inminente situación que se vincule con la ansiedad —quizás presentar un examen, negociar un ascenso con el jefe o encargarse de una tarea difícil—. Divida la situación en una jerarquía de diez a veinte pasos, desde el aspecto menos difícil de la situación hasta el más difícil (como una alternativa, su jerarquía puede dividir cronológicamente el suceso temido en diez o veinte pasos). Después de haber completado la jerarquía, siéntese en la postura del meditador. Piense en el paso menos angustiante de la jerarquía (o en el primer paso, si su jerarquía es cronológica), permitiéndose por algunos momentos sentir por completo, con el corazón abierto, cualquier aflicción que se asocie con ese paso. Relájese en su respiración. Observe en qué parte de su cuerpo siente la aflicción y respire hacia esa región compasivamente. Ahora lleve a la conciencia su imagen de maestría y competencia. Sienta y complete todos los detalles de esta imagen. Después de observar vívidamente esta imagen en su mente, imagine que todos los pensamientos, emociones y sensaciones en su imagen de maestría y competencia traspasan ese paso angustioso en la jerarquía. Manténgase ahí por algunos momentos hasta que perciba un cambio en las emociones asociadas con el paso angustiante.

Repita este ciclo de entrar en la angustia y después traspasarla unas cuantas veces con su imagen de maestría y competencia hasta sentir que puede experimentar este avance en la jerarquía con relativamente poca angustia. Después dé el siguiente paso en la jerarquía y repita el procedimiento. Al final, después de haber transferido las sensaciones de maestría y competencia a cada paso en la jerarquía, vivirá el suceso angustiante de una manera más serena y más confiada.

Conforme el tiempo lo permita, atraiga a la mente otras imágenes de maestría y competencia. Descríbalas en su libreta y conviértalas en parte de su repertorio de desempeño.

El sentido del humor

El sentido del humor es universalmente valorado y utilizado por quienes sobreviven a una situación difícil. Sin embargo, es mucho más que contar chistes. El sentido del humor consiste en tener un punto de vista afable y alegre sobre la vida —cómodamente nos lleva de regreso a nuestra mente sabia y nos ayuda a darnos cuenta de que no somos responsables de nues-

tro infortunio—. Así pues, el sentido del humor nos
dota de una fuerza mental y de una actitud ecuánime
frente a nuestros errores. Tiene que ver con la aceptación, el optimismo y la claridad. Nos permite decir:
"Sabes, no soy perfecto pero soy mucho mejor de lo
que algunos podrían pensar." Como dijo una vez una
distinguida mujer que conozco: "Debemos reírnos de
nosotros mismos puesto que todos hemos hecho el ridículo algunas veces."

El sentido del humor nos ayuda a soportar la
adversidad, haciendo que lo amargo parezca dulce,
ofreciendo un alegre consuelo y sosegando las cosas.
Cuando encontramos algo de qué reírnos a pesar de
lo absurdo de la vida, estamos diciendo: "Puedo ima-
ginarme una manera de superar incluso esto, al menos temporalmente; las cosas podrían estar peor."

Una risa compartida reúne a las personas y nos
recuerda que no estamos solos en nuestra miseria. El
sobreviviente de un campo de concentración de la
Segunda Guerra Mundial, Viktor Frankl (1959), solía referirse a dos prisioneros que bromeaban sobre
cómo las lecciones en el campo en el cual estaban de-
tenidos podían llevarse a la vida real: se imaginaban
asistiendo a una cena después de la guerra donde pe-
dían que su sopa fuese servida con cucharón desde el
fondo del recipiente. Durante esa guerra, Irene Gut
Opdyke ocultó a doce judíos en el sótano de una casa
de campo mientras servía a un mayor alemán en el
piso superior (I.G. Opdyke, comunicado personal). A

pesar del grave peligro en el que se encontraban, decía, a todos ellos les parecía gracioso, incluso ridículo,
pensar que estaban robando comida bajo las narices
del comandante. Otro ejemplo del poder del humor
tuvo lugar durante la temible Batalla de las Ardenas,
cuando los GI cercados mantenían estrictas barrica-
das. Un oficial americano se aproximó a una barrica-
da en un *jeep* conducido por un afroamericano, pero
el oficial no conocía la contraseña. Con impaciencia,
sacó su pistola mientras exigía el paso. Ocho centi-
nelas se prepararon para disparar. En ese momento
de tensión, el conductor exclamó: "¡Vamos, hombre,
sabes que no soy un nazi!" El afecto y respeto con los
que se narraba esta historia, sugería que la risa ayuda-
ba a derribar los muros que separaban a las personas,
pues rompía la tensión del momento (R. B. Jacobs,
comunicado personal).

Tal vez le resulte útil recordar los siguientes
principios cuando cultive el sentido del humor:

- *Conserve un sentido del humor afectuoso, alegre y afable y no hostil.* Un sano sentido del humor nos
  permite compartir nuestras imperfecciones y
  nuestro destino común en la vida. Todos parti-
  cipamos de esto. Evite el sarcasmo y el ridículo
  que pueda separar a las personas. Piense en el
  sentido del humor como un acto de servicio que
  puede elevar el estado anímico de las personas
  si se utiliza con generosidad.

- *No debemos tratar de ser graciosos.* Simplemente observe o describa las incongruencias de la vida y tenga el valor de reírse.

- *Sea usted mismo.* Puede usted renunciar al sentido del humor (bromas, travesuras, choteos afables, apodos afectuosos) o puede absorber o apreciar el sentido del humor (percibiendo lo absurdo, reírse de los errores, reírse con otros). Usted puede ser reservado, hosco o bullicioso. Puede descubrir que es usted gracioso cuando está en compañía de los amigos cercanos, pero no en los grupos numerosos. Todas estas prácticas son buenas.

- *Sea flexible.* Utilizar con exageración el sentido del humor puede ser una forma de escape y evasión de las genuinas emociones. Hay ocasiones en que resulta cruel o inapropiado reírse. Si no está seguro de utilizar o no el sentido del humor en una situación en particular, haga la prueba. Explique que estaba tratando de aligerar las cosas y pregunte a las personas a su alrededor si estuvo bien.

- *Intente observar los aspectos divertidos de la vida antes de tratar de ser gracioso* ("¿Viste esa hermosa luna?"). Si puede hacer reír a otra persona, será una ganancia.

Las actitudes ante el sufrimiento

Sin duda la vida es difícil. Lamentarse, quejarse, criticar, autocompadecerse, maldecir la vida y culpar a otros, provoca que nos sigamos sintiendo impotentes y enojados, lo cual solamente intensifica nuestro sufrimiento. Aquellos que superan con éxito la adversidad, desarrollan una manera distinta de ver el sufrimiento. Por ejemplo, los prisioneros de guerra aprenden a reconocer las heridas internas que han sufrido; sin embargo, también se dan cuenta de que la adversidad reveló cualidades que, de otra manera, no hubieran descubierto. A veces, la adversidad nos enseña que podemos soportar más de lo que creíamos, o nos obliga a desarrollar persistencia y determinación. El sufrimiento puede llevarnos a una mayor empatía y a un nuevo propósito, inspirándonos a ayudar a otros. También nos puede ayudar a apreciar los placeres simples de la vida. Y observar cómo otros soportan el sufrimiento con dignidad, nos puede ayudar a apreciar el carácter interno de los otros. Muchos airosos sobrevivientes no querrían revivir los periodos difíciles en sus vidas; sin embargo, la mayoría dice que no cambiaría los retos del pasado por las enseñanzas que ha recibido. En vez de estremecerse o tratar de evitar el sufrimiento, podemos aprender a enfrentar el viento de la adversidad y buscar los remedios contra el sufrimiento.

Cultive el optimismo

El optimismo es correlativo a la dicha, la autoestima y el buen humor. El optimismo no es la expectativa irreal de que todo saldrá bien —eso sería confianza excesiva, lo cual puede llevar a la decepción y al mal desempeño—. Por el contrario, el optimismo es la postura que nos ayuda a decir:

- "Si lo intento, es probable que las cosas salgan lo mejor posible."
- "No importa qué tan mal se hayan puesto las cosas, puedo encontrar algo que disfrutar."
- "Si las cosas no salen bien en algunas áreas, es probable que en otras sí."
- "La 'mala suerte' no es permanente, por lo tanto puedo abordar las cosas con una mente abierta y de principiante."

Las siguientes estrategias nos pueden servir de ayuda para cultivar el optimismo:

- Si algo no sale bien, piense como un optimista. Los optimistas viven más tiempo y poseen una mejor salud mental y física que los pesimistas. En el trabajo también se desempeñan mejor que los pesimistas. Un pesimista piensa: (1) "Hay algo malo en mí"; (2) "todo sale tan mal como esto"; y (3) "las cosas nunca mejorarán." Un optimista, en contraste, piensa: (1) "Esta fue una situación difícil"; (2) "hago otras cosas bien"; y (3) "es probable que las cosas mejoren."

- Lea sobre las personas como Viktor Frankl o Arthur Ashe, quienes soportaron el sufrimiento con optimismo (véase Fuentes de Recomendación).

- Si algo se distorsiona, practique el ejercicio de "por lo menos": "perdí mi hogar; pero, al menos, aún tengo a mi familia"; "perdí mi empleo; pero, al menos, no tengo que tolerar más a mi jefe"; "de esta adversidad al menos aprendí que puedo soportar grandes dificultades." (El último ejemplo demuestra el "orgullo del sobreviviente", la confianza y la fortaleza que adquirimos al soportar la tragedia o la adversidad).

7. VALORE SU CUERPO

¿Alguna vez se ha fijado en lo que ve al mirarse al espejo? ¿Observa usted su apariencia y semblante de manera cordial y gentil o se fija directamente en los defectos de su cuerpo? Uno de esos enfoques lleva a una sensación agradable; el otro deriva en un sentimiento de decepción.

El cuerpo es una apariencia externa. Nuestro mundo interior no se relaciona con nuestro peso, nuestra apariencia o nuestro estado de salud (aunque nuestra cultura pueda llevarnos a creer lo contrario). Sin embargo, la manera en que vivimos nuestro cuerpo corresponde típicamente a la manera en que vivimos nuestro Yo intrínseco. Si rechazamos nuestro cuerpo en su totalidad debido a ciertos desperfectos percibidos, es probable que también condenemos a nuestro Yo intrínseco por algunas imperfecciones presentes. Si nuestros cuerpos han sido maltratados, ridiculizados o etiquetados, es probable que aprendamos a vivirlos con vergüenza. Como consecuencia, esta vergüenza puede extenderse hacia el Yo intrínseco. Sin embargo, aún podemos aprender a vivir nuestros cuerpos con mayor aprecio y satisfacción. Esto, a su vez, nos servirá de ayuda para adoptar una postura de mayor aceptación hacia nuestra individualidad.

Los medios pueden llevarnos a creer que no es posible ser felices si somos imperfectos. Sin embargo, un fascinante relato se registró en *20/20 Downtown* acerca de Kevin Miller, un apreciado maestro de música que casualmente pesaba doscientos setenta y seis kilos (Miller 2000). Con la ayuda de su adorada esposa, Miller aprendió que su identidad descansaba en su interior. Aprendió a aceptarse mientras intentaba cada día controlar su peso. Como resultado, sus alumnos aprendieron a ver por debajo de las apariencias superficiales y externas. De igual modo, cuando la fama de Christopher Reeve, la estrella de Supermán, quedó estancada, su esposa le dijo que lo entendería si quería quitarse la vida, pero que lo seguía amando y que esperaba que eligiera seguir viviendo. Su hijo, comprendiendo la diferencia entre el valor intrínseco y las apariencias externas, dijo que su padre ya no podía correr pero que aún podía sonreír. Así pues, el incalculable valor del interior persiste, a pesar de las imperfecciones del cuerpo. Tal como podemos aprender a aceptar nuestro valor intrínseco tan diferente de nuestras apariencias externas, así también podemos aprender a valorar nuestros cuerpos, a pesar de sus imperfecciones. Veamos cómo lograrlo.

Piense en la majestuosidad del cuerpo

Es fácil contemplar la majestuosidad del pico de una montaña, de un campo de trigo, de un alto edificio, del océano durante la puesta de sol, de un caballo galopando por las veredas, de una sola flor o de un fruto. Tomemos también un momento para sopesar las asombrosas complejidades del cuerpo.

Cada una de nuestras células contiene el proyecto genético para producir todas las células de nuestro cuerpo. El código genético contiene billones de cadenas de ADN, que medirían más de cinco pies si se extendieran en una línea. Sin embargo, este código está enrollado en una longitud de solamente 1/2500 de una pulgada dentro del núcleo de cada célula. A partir de este sencillo anteproyecto, las células se dividen y especializan de tal modo que algunas de ellas se convierten en células del corazón y otras en células de los ojos, de los nervios, de los huesos, etc. Los trillones de células en el cuerpo, millones de las cuales son reemplazadas cada segundo, se extenderían a más de un millón de millas si se colocaran de principio a fin.

Los vasos sanguíneos del cuerpo se extienden más de 75,000 millas. El corazón está formado por dos bombas musculares, una lo suficientemente fuerte para lograr que la sangre viaje por esas miles de millas de vasos sanguíneos y, la otra, lo suficientemente gentil para mover la sangre a través de los pulmones sin hacer estallar los delicados sacos de aire que ahí se encuentran. El corazón, que pesa solamente once libras, late incansablemente bombeando cada día suficiente sangre para llenar varios carros de ferrocarril. Las delgadas válvulas del corazón por lo general trabajan a la perfección, sin detenerse nunca durante el curso de una vida.

Los 206 huesos que conforman el cuerpo son más fuertes, onza por onza, que el acero o el concreto reforzado. La ciencia no puede reproducir la durabilidad ni la flexibilidad de una coyuntura como las de los dedos, la cual requiere de miles de mensajes provenientes del cerebro para dirigir sus complejos movimientos.

Los complicados circuitos nerviosos de los ojos, los oídos y la nariz nos permiten distinguir entre miles de colores, sonidos y olores, mientras que el oído y el cerebro trabajan juntos para detectar el más ligero desequilibrio en la postura. Debajo de la piel, una región del tamaño de la uña de un dedo contiene cientos de terminaciones nerviosas que registran el tacto, la temperatura y el dolor; recuentos de glándulas sudoríparas para refrescar el cuerpo y numerosos melanocitos para defenderla de los rayos del sol. La piel es capaz de detectar y distinguir las sensaciones de un abrazo, de un masaje o de una suave brisa, aumentando así nuestra capacidad de placer.

El sistema inmunológico del cuerpo es más complejo que el ejército más sofisticado. La salina y ácida piel evita que muchas impurezas ingresen al cuerpo. La nariz, las vías aéreas y los pulmones trabajan en conjunto para filtrar, humectar y regular la temperatura del aire que entra. Las lisozimas de la nariz y los ácidos del estómago destruyen los potentes microbios entrantes, mientras que billones de glóbulos blancos especializados trabajan en conjunto para neutralizar los microbios que ingresan al cuerpo. Y los glóbulos blancos recuerdan las marcas de los microbios que encuentran para destruirlos eficazmente en el futuro.

El sistema inmunológico es controlado por el cerebro a través de una compleja danza de nervios y hormonas que permite que las emociones asertivas, como el amor y la esperanza, fortalezcan a veces el sistema inmunológico. El cerebro, que pesa tres libras, contiene cien milmillones de células nerviosas y es más complejo que cualquier computadora. El cerebro monitorea continuamente al cuerpo y entonces realiza los ajustes necesarios en la temperatura, en el azúcar de la sangre, en el equilibrio de los líquidos y en la presión sanguínea. Además de permitir el razonamiento lógico, el cerebro nos permite reconocer los rostros únicos, comprender las sutiles expresiones faciales y orales, movernos o escapar cuando nos sentimos amenazados, recordar lecciones vitales y definir objetivos.

Por último, el cuerpo es capaz de convertir el alimento ingerido en la energía requerida y posee la notable capacidad de repararse a sí mismo.

Ejercicio: Una sencilla actividad de apreciación del cuerpo

Tan frecuente como sea posible, colóquese brevemente frente a un espejo o mire directamente su cuerpo. En vez de percibir lo que está mal (como una mancha, bolsas debajo de sus ojos o arrugas), observe lo que está bien, lo que está funcionando. Preste atención a su cabello, a su piel limpia, a su capacidad de pararse y moverse o al color de sus ojos. Quizás perciba las maravillas descritas anteriormente. Si tiene parálisis, simplemente gire su dedo pulgar y observe las maravillosas complejidades y los diversos movimientos que son posibles. Después lleve su conciencia hacia otras maravillas del cuerpo, dentro y fuera de éste.

Ejercicio: Meditación para apreciar el cuerpo

Esta meditación, desarrollada por Jack Canfield en 1985, es una manera adecuada de cultivar el aprecio por el cuerpo. Se practica una vez al día durante aproximadamente treinta minutos y es especialmente eficaz si se practica repetidamente. Siéntese o recuéstese en un sitio cómodo y donde no sea interrumpido. Lea la meditación lentamente o pídale a alguien que se la lea o grábela en una cinta y reprodúzcala.

Bienvenido. Busque una posición cómoda, ya sea sentado en una silla o de espaldas sobre el piso

o una cama. Tómese un momento para sentirse cómodo. Y, ahora, tome conciencia de su cuerpo... Tal
vez quiera estirar algunas partes de su cuerpo... sus
brazos, piernas, cuello o espalda... sólo para intensificar la percepción de su cuerpo. Y, ahora, comience
a respirar profunda y lentamente... inhalando por la
nariz y exhalando por su boca, si es que puede hacerlo. Continúe con la respiración lenta y rítmica...

Ahora, tomemos algunos momentos para con-
centrarnos y apreciar su cuerpo. Sienta el aire entrar
y salir de sus pulmones, trayéndole la energía vital.
Y sea consciente de que sus pulmones siguen respirando, aunque no se percate de ello... inhalando y
exhalando todo el día, toda la noche, aun cuando está
durmiendo...inhalando oxígeno, inhalando aire fresco y
puro, exhalando los productos de desecho, limpiando
y restableciendo todo el cuerpo, un constante influjo y
reflujo de aire... igual que el océano, como el vaivén de
la marea. Y, sólo por ahora, envíe una hermosa y radiante luz blanca llena de amor hasta sus pulmones y
dése cuenta que, desde el momento en que tomó su
primer respiro, sus pulmones han estado ahí con usted. No importa lo que hagamos, aún siguen inhalando
y exhalando, todo el día. Ahora tome conciencia de su
diafragma, ese músculo que se localiza debajo de sus
pulmones, que sube y baja continuamente y que les
permite a sus pulmones respirar...y envíe luz y amor
a su diafragma.

Y ahora, tome conciencia de su corazón. Siéntalo y aprécielo. Su corazón es un milagro viviente. Late sin cesar y nunca pide nada a cambio; un músculo incansable que continúa sirviéndole... enviando los nutrientes a través de todo el cuerpo hacia cada una de las células. ¡Qué instrumento tan hermoso y poderoso! Día y noche su corazón ha estado latiendo. Observe su corazón rodeado de luz blanca y calidez y dígale en silencio: "Te amo y te aprecio".

Y, ahora, adquiera conciencia de su sangre, que es bombeada a través de su corazón. Es el río de la vida que viaja por su cuerpo. Millones y millones de células sanguíneas... glóbulos rojos y blancos... anticoagulantes y anticuerpos... fluyendo en la corriente sanguínea, combatiendo la enfermedad, dándole inmunidad y sanación... llevando el oxígeno de sus pulmones a cada célula de su cuerpo... hasta los dedos de sus pies y su cabello. Sienta esa sangre moverse por sus venas y arterias... y rodee todas esas venas y arterias de luz blanca, obsérvela bailar por la corriente sanguínea como si llevara alegría y amor a cada célula.

Y, ahora, tome conciencia de su pecho y su esternón. Puede sentir cómo se eleva y desciende con su respiración... su esternón, que protege todos los órganos de su cuerpo... protege su corazón y sus pulmones... manteniéndolos seguros. Así pues, permítase enviar amor y luz a esos huesos que conforman su esternón. Y, ahora, **tome** conciencia de **su** estómago, sus intestinos, sus riñones y su hígado. Todos los órganos de su cuerpo que traen el alimento, lo digieren y proporcionan los nutrientes... equilibrando y purificando su sangre... sus riñones y su vejiga. Observe todo su cuerpo, desde el cuello hasta la cintura, rodeados y llenos de luz blanca.

Y, ahora, tome conciencia de sus piernas... sus piernas, que le permiten caminar, correr, bailar y saltar. Le permiten pararse en el mundo, moverse, correr y asombrarse con algarabía. Permítase apreciar sus piernas, y sentirlas rodeadas de luz blanca. Y observe todos los músculos y los huesos de sus piernas bañados de una radiante luz blanca... y dígales a sus piernas: "las amo, piernas, y valoro todo el trabajo que han hecho." Y, luego, tome conciencia de sus pies. Ellos le permiten permanecer equilibrado mientras pasa por el mundo. Le permiten trepar y correr... y lo sostienen cada día... y entonces, agradézcales a sus pies por estar ahí y sostenerlo.

Y, después, tome conciencia de sus brazos. Sus brazos también son milagros, y sus manos. Piense en todas las cosas que es capaz de hacer gracias a sus manos y sus brazos. Puede escribir y teclear... puede estirarlos y tocar las cosas. Puede recoger las cosas y utilizarlas. Puede llevar alimento a su boca. Puede apartar las cosas que no quiere. Puede rascarse y sentir comezón, pasar las hojas de un libro, cocinar los alimentos, conducir su automóvil, proporcionarle a alguien un masaje, hacer cosquillas, defenderse o abrazar a alguien. Puede extenderlos y hacer contacto con su mundo y con otros. Así pues, observe sus brazos y sus manos rodeados de luz y envíeles su amor.

Y, ahora, permítase sentir gratitud por tener un cuerpo, el cual puede utilizar cada día; por vivir las experiencias que desea vivir y que requiere para crecer y aprender de ellas.

Entonces, tome conciencia de su espina dorsal, que le permite ponerse de pie de manera erguida... y le ofrece una estructura a todo su cuerpo... y protege sus nervios, que van de su cerebro hasta su espina dorsal y todo su cuerpo. Observe una luz dorada que surge de la espina dorsal, desde su base hasta su pelvis... recorriendo su espina vértebra por vértebra, subiendo por ella hasta su cuello... hasta la parte superior en donde el cráneo se conecta... y deje que esa luz dorada se introduzca en su cerebro.

Y, después, tome conciencia de las cuerdas vocales en su cuello... que le permiten hablar, ser escuchado, comunicarse, ser entendido, cantar, recitar, rezar, gritar y clamar con regocijo y exaltación... expresar sus emociones, llorar y compartir sus pensamientos más profundos y sus sueños.

Luego, tome conciencia del hemisferio izquierdo de su cerebro, la región de su cerebro que analiza y calcula, que resuelve problemas y proyecta para el futuro, que calcula, razona, deduce e induce... Y permítase solamente apreciar lo que su intelecto le ofrece... y observe el hemisferio izquierdo de su cerebro repleto de una luz dorada y blanca... y de pequeñas estrellas titilantes y observe la luz blanca purificar, despertar, amar y nutrir esa parte de su cerebro... la parte de su cerebro que le permite sentir, tener emociones, ser intuitivo, soñar... soñar despierto y visualizar, crear y hablar con su sabiduría superior...la región de su cerebro que le permite escribir poesía y dibujar... y apreciar el arte y la música. Observe esa región de su cerebro bañada de luz blanca y dorada.

Sienta esa luz fluyendo por los nervios hasta sus ojos... y observe y sienta sus ojos bañados de esa luz y la belleza que sus ojos le permiten percibir: observe las flores, las puestas de sol y la belleza de las personas... todas las cosas que ha sido capaz de apreciar a través de sus ojos.

Y, ahora, tome conciencia de su nariz. Ésta le permite oler, respirar y degustar... todos los maravillosos sabores y olores de su vida... las hermosas fragancias de las flores y la esencia de todos los alimentos que le encanta comer.

Ahora tome conciencia de sus oídos... éstos le permiten escuchar la música, el viento, el sonido del oleaje sobre el océano y el canto de los pájaros... y escuchar las palabras "te amo"... y entrar en discusiones y escuchar las ideas de otro para permitir que surja el entendimiento.

Desoués tome conciencia de cada parte de usted, desde la cabeza hasta los pies, rodeadas y repletas de su amor y su propia luz... Y, ahora, tómese unos momentos y permítase disculparse con su cuerpo por cualquier cosa que le haya hecho... por las veces que no fue amable con él y por las veces que no cuidó de él con amor... las veces que no lo escuchó... por las veces que le dio demasiada comida, alcohol o drogas... por las veces que estuvo demasiado ocupado para comer, demasiado ocupado para ejercitarse... demasiado ocupado para un masaje o para un baño caliente... y por todas las veces que su cuerpo quiso ser abrazado o tocado y usted se contuvo.

Y, una vez más, tome conciencia de su cuerpo... y véase a usted mismo rodeado de luz... y, ahora, permita que esa luz comience a salir de su cuerpo... hacia el mundo... saliendo y llenando el espacio a su alrededor.

Comience a llevar esa luz lentamente de regreso a su interior, muy lentamente, de regreso hacia su cuerpo, hacia usted mismo... y tome conciencia de usted mismo aquí, ahora, bañado de luz y repleto de amor y de aprecio por su cuerpo... Y, cuando esté listo, quizás se permitirá estirarse y sentir la conciencia y la vida de regreso a su cuerpo... Y, cuando esté listo, lentamente podrá comenzar a incorporarse y a readaptarse para estar en la habitación y permitir que sus ojos se abran, tomando el tiempo necesario para llevar a cabo esa transición.

8. OCÚPESE DE SU MENTE
OCUPÁNDOSE DE SU CUERPO

Puesto que la mente y el cuerpo están interactivamente conectados, ocuparse del cuerpo es una manera de fortalecer la salud mental y la autoestima. Dicho con más énfasis, no podemos esperar psicológicamente lo mejor de nosotros si descuidamos nuestra salud física. Las buenas noticias son que (1) ahora sabemos cómo optimizar la salud física, y (2) la inversión de tiempo, dinero y esfuerzo que se requiere para lograrlo, no es excesiva. La salud física es como un taburete de tres patas, que se colapsa si le falta una de éstas. Las tres patas de la salud física son el sueño, el ejercicio y la nutrición.

El sueño

Si bien pasamos una tercera parte de nuestra vida en la cama, el sueño no había sido estudiado a fondo hasta recientemente. La falta de sueño se ha vuelto cada vez más común y ahora sabemos que la disminución de sueño afecta negativamente el estado anímico, la inmunidad, la resistencia a la insulina, los niveles de hormonas del estrés, los índices de enfermedades del corazón, los niveles de energía, el sobrepeso, la memoria, los accidentes automovilísticos y el desempeño laboral y deportivo.

Dos factores constituyen el buen sueño (Dement y Vaughan 1999). El primero es la cantidad de sueño. La mayoría de los adultos requiere de más de ocho horas de sueño cada noche para sentirse y funcionar a su mayor capacidad; sin embargo, el adulto común duerme menos de siete horas y acumula una falta de sueño que excede a las veinticuatro horas. Un buen sueño de una noche no bastará para pagar su deuda de sueño sino que lo hará sentirse a uno más somnoliento al siguiente día. Usted puede determinar sus requerimientos de sueño durmiendo todo lo que pueda cada noche durante un periodo de varias semanas hasta que su sueño se nivele a un número constante de horas. Ésta es la cantidad que necesita. Como una alternativa, supongamos que usted requiere de 8.25 horas de sueño por noche. Si se siente soñoliento después de dormir esa cantidad de horas durante varias semanas, agregue 20 minutos o más.

El segundo factor necesario para un buen sueño es la regularidad. El cerebro regula los ritmos del sueño, los cuales disminuyen conforme envejecemos. Para mantener la regularidad en los ciclos del sueño, necesitamos de horarios sistemáticos para despertar y retirarnos a dormir. Los adultos por lo general se desfalcan ellos mismos durante la semana y después tratan de reponer las horas perdidas durante el fin de semana. Esto desestabiliza los ciclos del sueño y tiende a promover el insomnio y la somnolencia durante el día. Trate de dormirse y levantarse a la misma hora cada día, incluso durante los fines de semana, variando estos horarios en no más de una hora de un día a otro. Si es posible, evite los horarios nocturnos de trabajo, los cuales se vinculan con el mayor índice de enfermedades y acortan la duración de la vida. Si sus horarios varían, pregúntele a su supervisor si sería posible pasar de un horario más temprano a uno más tarde (el cerebro maneja mejor el estar despierto hasta más tarde que retirarse más temprano). Permanezca en cada nuevo horario el mayor tiempo posible, para permitirle al cerebro ajustarse al cambio. Por ejemplo, puede comenzar con un horario de 9:00 a.m. a 5:00 p.m. y, después, pasar al de 5:00 p.m. a 1:00 a.m., para finalmente pasar al horario de 1:00 a.m. a 9:00 a.m. Lo ideal sería que se mantuviera en cada horario durante semanas o incluso meses.

Lo que puede ayudarle a tener un buen sueño nocturno incluye lo siguiente:

* *Hágase un examen médico* para descartar y/o diagnosticar algún padecimiento que pueda deteriorar el sueño o provocar fatiga diurna, incluyendo desorden de la tiroides, diabetes, anemia, rechinamiento de dientes, hiperventi-

lación, reflujo gástrico o desórdenes del sueño.
Si se sospecha apnea del sueño (u otro desorden
del sueño), pida a su médico que le realice un
estudio de sueño nocturno para evaluarlo. La
apnea provoca los síntomas de otras enfermedades, pero puede ser tratada eficazmente.

- *Trate la depresión clínica, la ansiedad o el enojo crónico*, los cuales pueden reducir el sueño. Si tiene
  pesadillas recurrentes, intente describirlas en su
  diario. Después escriba un final distinto —el que
  usted quiera—. Mentalmente evoque el nuevo
  sueño con su nuevo final durante unos minutos
  diariamente.

- *Constituya un óptimo entorno para el sueño.* Oscurez-
  ca por completo la habitación —cubra cualquier radiorreloj que emita luz y asegúrese de
  que la luz del sol no entre por las ventanas—.
  Disminuya los sonidos (utilice tapones de oídos
  o ruido blanco) y los movimientos (mantenga a
  las mascotas fuera de la habitación). Conserve
  un ambiente tranquilo y relajado en la habitación utilizándola únicamente para actividades
  relajantes. Haga las cuentas, vea la televisión,
  estudie y hable por teléfono en otras áreas de su
  casa en vez de su habitación.

- *Si parece beneficiarse con las siestas, tómelas regularmente durante la tarde.* En algunas culturas, existe la hora de la siesta, cuando la temperatura
  del cuerpo desciende. El tiempo recomendable

para una siesta es de 15 a 120 minutos, con una gran variabilidad. Si la siesta parece dificultarle quedarse dormido en la noche, entonces trate de evitarla.

* *Pierda peso por medio del ejercicio.* Al perder unas cuantas libras, se reduce el ronquido, lo cual puede también disminuir las jaquecas diurnas. Trate de hacer ejercicio antes de la cena, para darle tiempo a su cuerpo para que se relaje antes de retirarse a dormir. El ejercicio es quizás la manera más efectiva de acortar el tiempo necesario para quedarse dormido, mejorar la calidad, y aumentar la duración del sueño, reducir las veces en que nos despertamos durante la noche, incluso en los ancianos.

* *Reduzca o elimine la cafeína, la nicotina y el alcohol.* Éstos desestabilizan el sueño de las personas, incluso sin que se percaten de ello. Intente evitarlos al menos de cuatro a seis horas antes de retirarse a dormir.

* *Relájese antes de retirarse a dormir.* Trate de tomar un refrigerio ligero en carbohidratos con una fuente de aminoácidos (como galletas con queso, yogurt endulzado, pavo, plátanos, avena, huevos o unas cuantas almendras). Cene temprano y ligero, con una pequeña porción de proteínas para evitar el hambre nocturna. Anote sus inquietudes, planee su siguiente día, al menos una hora antes de retirarse a dormir. Disminuya

la luz de las lámparas o utilice luces de noche para permitir que su cerebro se relaje (las luces incandescentes le ordenan al cerebro que se mantenga despierto). Desconecte el teléfono y la televisión al menos una hora antes de irse a la cama y retírese cuando se sienta soñoliento y no cuando el reloj lo señale. Un baño caliente una o dos horas antes del momento establecido para dormir facilita el sueño.

- *No dependa de las píldoras para dormir.* En vez de eso, utilice la higiene y las habilidades del sueño que reducen la tensión y la ansiedad, lo cual mejora el sueño sin los efectos secundarios. Los programas efectivos para el sueño promueven los horarios regulares para dormir, así como salir de la cama si no se queda dormido en un lapso de treinta minutos, hacer algo que no sea estimulante hasta que esté listo para irse nuevamente a la cama, reducir la ingesta de líquidos durante la tarde, practicar la relajación y la respiración abdominal y reducir los pensamientos catastróficos (como "es terrible que no pueda quedarme dormido"). Como lo enseñaba un maestro espiritual: "Si estás cansado, duerme." Y recuerde que incluso veinte minutos más de sueño durante la noche pueden mejorar significativamente el estado anímico y el desempeño.

El ejercicio

Docenas de estudios han descubierto una relación entre el ejercicio y la autoestima (Spence, Poon y Dyck 1997). La actividad física también agudiza el razonamiento, mejora el estado anímico, eleva los niveles de energía, combate el envejecimiento y ayuda a evitar una serie de padecimientos médicos. Los actuales lineamientos sobre la ejercitación piden al menos treinta minutos de ejercicio casi todos los días, de preferencia, diario. Si estamos tratando de adelgazar o mantenernos delgados, entonces la cantidad recomendable aumenta de sesenta a noventa minutos. Realizar esta cantidad de ejercicio resulta menos difícil de lo que parecería al principio. Por ejemplo, podríamos realizar ejercicios aeróbicos moderados casi todos los días, como caminar (o nadar, trotar, andar en bicicleta, escalar o practicar el tai chi) durante al menos treinta minutos. Si es posible, complemente esta actividad con ejercicios que fortalezcan los músculos y la resistencia tres o más veces a la semana. Por ejemplo, en un lapso de diez a quince minutos podríamos hacer diez repeticiones de varios ejercicios, como levantamiento de pesas (suficiente peso que produzca una fatiga moderada), ejercicios de banda de resistencia, lagartijas o abdominales. Los ejercicios de estiramiento y flexión, como el yoga suave, se pueden combinar con ejercicios de resistencia.

A continuación encontrará algunos consejos que pueden servirle de ayuda para empezar:

- Los mayores resultados son generalmente apreciados en las personas que antes eran sedentarias. Sin embargo, es importante que guarde una expectativa razonable, que comience lentamente y que avance de manera progresiva. Es muy probable que desista si exagera. Tómese unos cuantos meses para alcanzar sus niveles de ejercicio deseados. Busque sentirse renovado después de su ejercicio y no exhausto o adolorido.

- Si es usted mayor de cuarenta años o tiene problemas de salud, como diabetes o factores de riesgo para el corazón, coméntele sus planes al médico y sométase a un examen físico.

- Si no puede realizar todos sus ejercicios al mismo tiempo, añada pequeñas cantidades de ejercicio a su rutina diaria. Intente alejarse de su escritorio por lapsos de diez minutos cada noventa para recuperar energías. Tome las escaleras en vez del elevador, o estacione su automóvil más lejos de la oficina para que pueda caminar más. Mientras ve la televisión, puede hacer ejercicios leves de resistencia o flexión.

- No se desanime si gana un poco de peso muscular mientras comienza a ejercitarse. El músculo pesa más que la grasa, pero quema las calorías de manera más eficaz que la grasa, de tal manera que irá adelgazando más conforme continúe con el ejercicio.

La nutrición

Junto con la inactividad, la sobrealimentación se encuentra asociada con nuestra creciente epidemia de obesidad y con un sinnúmero de enfermedades. Sin embargo, la alimentación inteligente puede mejorar el estado anímico, el desempeño y los niveles de energía mientras nos ayuda a permanecer delgados.

Los lineamientos alimenticios de la nación son consistentes con la profunda investigación que vincula la nutrición con la salud. A continuación se muestran las porciones diarias dadas por el Departamento de Agricultura de los Estados Unidos, USDA (United States Department of Agriculture) (2005) para una alimentación sana, suponiendo una porción total de 2,000 calorías diarias (la cantidad aproximada que se considera saludable para la mayoría de los adultos):

Frutas. Un total de 2 tazas de frutas frescas, congeladas o enlatadas.
Verduras. Un total de 2 1/2 tazas de verduras crudas o cocidas (se pueden contar aquí los frijoles, los garbanzos, la soya/tofu o lentejas o en el grupo de carnes, pero no ambos).

Granos. Un total de 6 onzas, en donde una onza equivale a una rebanada de pan; 1/4 a 1/2 taza de cereal seco; 1/2 taza de arroz cocido, pasta o cereal ó 3 tazas de maíz tostado.

Carnes magras y frijoles. Un total de 5 1/2 onzas, en donde una onza equivale a 1 onza de pescado cocido, aves de corral, carnes magras; un huevo; 1/4 de taza de granos cocidos o soya/tofu; 1 cucharada de mantequilla de maní ó 1/2 onza de nueces o semillas.

Lácteos. Un total de 3 tazas, en donde 1 taza equivale a 1 taza de leche o yogurt bajo en grasas o descremado; 1 1/2 onzas de queso natural bajo en grasas o libre de grasas; ó 2 onzas de queso procesado bajo en grasas o libre de grasas.

Aceites. Un total de 6 cucharaditas, en donde una cucharadita equivale a 1 cucharadita de margarina ligera; 1 cucharadita de mayonesa baja en grasas; ó 2 cucharaditas de aderezo ligero.

Un rápido vistazo a estos lineamientos revela que el plan óptimo de alimentación adquiere la mayor parte de sus calorías de las fuentes vegetales. Los vegetales proporcionan las vitaminas, los minerales, los antioxidantes y los aminoácidos que son esenciales para una buena salud física y mental. Busque una gran variedad de frutas y vegetales de diferentes colores. Como regla general, mientras más oscuro y más colores tenga, más nutrientes contendrá el vegetal. Así pues, busque los vegetales rojos, anaranjados, amarillos y verde oscuro. La mayoría de los granos en una dieta sana provendrán de los granos enteros (como avena, trigo entero, hojuelas de trigo, quinoa, arroz o maíz tostado). Propóngase consumir algunas nueces, semillas y/o leguminosas todos o casi todos los días. Si bien las nueces y las semillas pueden contener muchas calorías, también contienen un gran número de nutrientes, incluyendo las grasas sanas y además se ha descubierto que ofrecen un gran número de beneficios. Un puño de nueces equivale a una onza.

Las grasas no saturadas necesarias se encuentran en el pescado y en los aceites vegetales, siendo los aceites de olivo y de canola los que se encuentran entre los más benéficos. Trate de evitar las grasas hidrogenadas que se encuentran en los alimentos comerciales preparados, los alimentos horneados, las pastas para hornear, la margarina y los alimentos fritos instantáneos; también evite las cantidades excesivas de grasas animales.

Si nos enfocamos en obtener los nutrientes necesarios cada día, nos preocuparemos menos por lo que debemos evitar, en parte porque tendremos menos hambre. La fibra contenida en los vegetales, por ejemplo, tiende a equilibrar los niveles del azúcar en la sangre, ayudándonos así a moderar el hambre. Consuma alimentos con un gran contenido de agua y fibra y bajos en grasa, incluyendo frutas, vegetales, sopas, granos enteros, leguminosas y productos lácteos bajos en grasa. Estos alimentos de gran peso y baja energía nos llenan con menos calorías. Los bocadillos secos (pretzels, papas, galletas, barras y frutas secas, por ejemplo), las papas fritas, los bagels, el queso, el tocino y las salsas cremosas deben usarse con moderación.

Éstas son otras sugerencias útiles:

- Trate de no comer menos de 1,600 calorías al día. De lo contrario, se privará de los nutrientes necesarios, mientras retrasa su metabolismo y apresura la ganancia de peso, especialmente si no hace ejercicio.
- Beba muchos líquidos a lo largo del día, ya que esto le puede ayudar a disminuir el apetito y la fatiga. Los líquidos se pueden obtener de los alimentos y las bebidas que consumimos. Tal vez quiera disminuir la ingesta de bebidas endulzadas, ya que al beber una sola lata de refresco al día puede ganar aproximadamente dieciséis libras al año.
- Se sabe que las personas bajo un régimen de dieta toman un desayuno y cuatro o cinco colaciones diariamente. También suelen seguir una dieta baja en grasas y calorías, las cuales provienen de carbohidratos complejos (en otras palabras, de semillas no refinadas). Disminuya su

ingesta de carbohidratos refinados como azúcar, refrescos endulzados, jarabe de maíz con un alto contenido de fructosa y pan blanco.

- Prepare sus propios alimentos y evite lo más posible comer en restaurantes. Esto le ayudará a controlar las porciones, las grasas saturadas y las sales y los azúcares saturados. Si ordena usted un postre, considere la idea de compartirlo. Puesto que las medidas de una porción en los restaurantes por lo general son más grandes que las medidas de las porciones en casa, lleve algo de la cena del restaurante a su casa.

- Si decide perder peso, hágalo de manera gradual (quizás de media a dos libras por semana), combinando el ejercicio moderado con los alimentos y las porciones cuidadosamente seleccionados.

¿Qué tan bien funcionan estos lineamientos?
Los investigadores han estudiado a los habitantes de Okinawa, famosos por vivir una vida larga y saludable. La dieta de los habitantes de Okinawa por lo general se adhiere a los lineamientos que hemos mencionado. En promedio, ellos consumen siete porciones de vegetales, tres porciones de fruta y siete porciones de granos enteros al día. El setenta y dos por ciento de su dieta proviene de los vegetales, el 11 por ciento del pescado y sólo el 3 por ciento de los productos animales (carne, aves y huevos). En conjunto, la dieta es baja en grasas, sal y azúcares y es alta en carbohidratos complejos. Practi-

can la regla de dejar de comer cuando están saciados en un 80 por ciento, promediando aproximadamente 1,800 calorías al día, en comparación con las aproximadamente 2,500 calorías que consumen los estadounidenses. También ahí, la gente mayor sigue siendo física y mentalmente activa y toman la siesta. Desafortunadamente, se cree que las ventajas de vivir en la isla de Okinawa desaparecerán, pues los alimentos instantáneos y otros aspectos de la vida moderna han sido asimilados en su cultura.

9. DESARROLLE SU CARÁCTER Y ESPIRITUALIDAD

La autoestima, casi al igual que la felicidad, se cultiva desde el interior y el proceso se beneficia de la motivación consistente y del esfuerzo constructivo. Existe la creencia generalizada de que nacemos con un alcance ascendente, un deseo de que nuestro potencial crezca y se desarrolle, y de sentirnos mejor con nosotros mismos mientras lo hacemos. Este capítulo explorará los senderos que nos llevan al enriquecimiento interior, abordando los temas que son comunes a diversas culturas y tradiciones espirituales.

Desarrollando el carácter

El carácter es nuestra fortaleza moral o interior. No hay nada complicado ni exclusivo en la vida moral; no es el campo de acción de algún grupo en particular. La conducta moral es simplemente un comportamiento que es bueno, decente y que actúa por el bien de la propia persona y el de los demás. Las personas con carácter luchan por mantenerse fieles a sus propios estándares sin importar la presión. La moralidad consiste en evitar lo que es incorrecto y hacer lo que es correcto para sí mismo, aun cuando se nos haya hecho un mal. Arriesgando su carrera y su seguridad, el cónsul japonés en Lituania, Chiune Sugihara, desafió a su gobierno, otorgando visas que salvaron de los nazis a más de 6,000 judíos. Después de la guerra, fue apresado por los rusos y cesado de su cargo en el gobierno. Como samurai educado para ayudar a los necesitados, Sugihara y su esposa, decidieron seguir lo que sus conciencias les dictaron simplemente porque era lo correcto. Viktor Frankl (1959) observó que muchos de los prisioneros de los campos de concentración durante la Segunda Guerra Mundial llegaron a ser tratados como animales; sin embargo, algunos demostraron el mayor carácter que se pueda imaginar. Cada persona, dijo, puede elegir el mejor camino.

La moralidad no se impone sino que se elige libremente. Podríamos resumir lo que conocemos acerca del carácter:

- Las personas de hoy se preocupan menos por vivir de manera ética que las personas de épocas pasadas. Algunos estudios sugieren que muchas personas hoy en día mienten con regularidad y cometen estafas en el trabajo.
- Los remordimientos pueden afectar negativamente nuestra salud mental. Es decir, la calidad de nuestra vida interior cambia cuando traicionamos los valores que consideramos importantes.

- Entregarse a una vida ética cimienta la autoestima y los atributos relacionados con ella, como la tranquilidad de conciencia, el respeto por uno mismo, la confianza en uno mismo, la confiabilidad, el sentirse satisfecho con la vida, un sano orgullo y completa dignidad. Sin duda, la palabra "integridad" sugiere una sensación de totalidad.

- Las personas virtuosas tienen menos temores, se libran más de ser condenadas por otros y por ellas mismas. Son más propensas a ser valoradas por los demás, especialmente si no juzgan a nadie. En la tranquilidad de conciencia que surge de ser virtuosos, podemos ver reflejadas nuestras propias mentes sabias.

- Carl Jung afirmó que no puede haber moralidad sin libertad. Podríamos invertir esta afirmación y decir que sin moralidad existe poca libertad interior. Es decir, sin moralidad somos propensos a aferrarnos a la agresión, al ego, a la avaricia o a los apetitos.

- En el corazón de la moralidad se encuentran el amor y el deseo de vivir en armonía con uno mismo y con los demás. El amor a sí mismo, el interés por todos los seres y el deseo por hacer del mundo un mejor lugar, nos lleva a la conducta moral. Tal como Buda nos enseñó, no dañaremos a los demás si realmente nos amamos a nosotros mismos, pues al dañar a los demás destruimos nuestra propia tranquilidad. Podemos esforzarnos por alcanzar nuestras propias metas sin pisotear a los demás —en lugar de eso, podemos tratar de levantar a los demás mientras ascendemos.

- El carácter requiere de la práctica constante. Como dijo Chambers (1963), no podemos descansar de la moral y seguir siendo morales.

Dean John Burt (comunicado personal) ha concluido que la autoestima requiere de la autoaprobación ética. Es difícil aprobarse si se hiere a sí mismo o a los demás; así pues, el camino prudente es evitar herir y buscar el bien propio y el de los demás. Por otro lado, la conducta neutral conlleva el riesgo de etiquetarse uno mismo como insignificante, por lo que también es prudente luchar activamente por hacer el bien.

REFLEXIONES

Podríamos analizar las siguientes reflexiones que provienen de diversas culturas:

La felicidad no está compuesta de pasatiempos y diversiones sino de actividades virtuosas.
ARISTÓTELES

Nada puede traerte la paz sino tú mismo. Nada puede traerte la paz sino la conquista de los principios.
RALPH WALDO EMERSON

Todas las criaturas de Dios son su familia y él es el más amado por Dios y el que hace el mayor bien a las criaturas de Dios.
MAHOMA

El carácter no se puede desarrollar en la holgura y la quietud. Sólo a través de la experiencia del agobio y del sufrimiento puede el alma ser fortalecida, la ambición inspirada y el éxito alcanzado.
HELEN KELLER

La plata y el oro no son las únicas monedas; también la virtud transmite la corriente a todo el mundo.
EURÍPIDES

La dignidad humana... sólo se puede alcanzar en el campo de la ética, y la realización ética se mide por el grado en que son gobernadas nuestras acciones por la compasión y el amor, y no por la avaricia y la agresividad.
ARNOLD J. TOYNBEE

El carácter es poder.
BOOKER T. WASHINGTON

Oh, qué intrincada red tejemos cuando practicamos primero para engañar.
SIR WALTER SCOTT

Mientras escuche mi conciencia, me sentiré tranquilo.
TIM BLANCHETTE

Después podría considerar las siguientes preguntas sugeridas por Thomas G. Plante (2004):

* ¿Confiaría usted en un negocio que lo ha engañado o le ha mentido?
* ¿Dice usted "mentiritas blancas"?
* ¿Confiaría alguien en usted después de atraparlo en una mentira?
* ¿Cuándo resulta necesario comprometer su integridad diciendo una mentira? ¿La persona con la que está usted hablando sería irrevocablemente dañada por una honesta pero diplomática respuesta a la pregunta "¿cómo se ve esto?" ¿O quizás la persona que escucha decir:

"Creo que ese color no te sienta" confiará más en su opinión en el futuro? A la larga, ¿es más sabio decir: "me detuve a tomar un trago después del trabajo" (aunque esto requiera de una disculpa o de una explicación) que mentir y decir: "trabajé hasta tarde"?

- ¿Confía más en usted mismo cuando hace lo correcto?
- ¿Sentiría una mayor satisfacción interior si fuera honesto regularmente e hiciera lo correcto con mayor frecuencia?

Ejercicio: El inventario del carácter bondadoso

Ciertas virtudes comunes son apreciadas prácticamente en todas las sociedades y culturas. El desarrollo moral no requiere la imposición de los valores de alguien más sino enfocarse en aquellos que deseamos para nosotros mismos porque buscan nuestro propio bien y el de los demás. A continuación aparece una lista de las fuerzas de carácter comúnmente admiradas. Por favor complete este ejercicio de manera imparcial, sin emitir juicios y sin condenarse a sí mismo.

1. Califique de 0 a 10 el grado en el que usted demuestra cada una de las siguientes fuerzas de carácter, en donde 0 significa que nunca demuestra

esa fuerza y 10 significa que demuestra esa fuerza tan bien como cualquier otra persona.

_____ Honestidad, veracidad
_____ Imparcialidad
_____ Respeto por uno mismo
_____ Respeto por los demás
_____ Justicia
_____ Tolerancia, aceptación de las diferencias
_____ Cortesía
_____ Servicio, altruismo, generosidad, exaltar a otros
_____ Honor, integridad
_____ Puntualidad (no hacer esperar a las personas)
_____ Lealtad, fidelidad
_____ Capacidad para guardar las confidencias
_____ Responsabilidad, confiabilidad, formalidad (hacer lo que se espera de uno, el trabajo por el que se nos paga, lo que uno se propone)
_____ Valor
_____ Mesura (evitar los excesos en gastos, apuestas, comida, uso de sustancias, etc.)
_____ Mayordomía ambiental (reciclar, cuidar la energía, limitar el uso de gasolina, no arrojar basura, etc.)
_____ Interés, bondad, consideración (medir el impacto de nuestra conducta en los demás)
_____ Modestia
_____ Humildad

——— Decencia sexual (respetar a la pareja,
no explotarla ni manipularla)
——— Tacto
——— Inocuidad (no herir a los demás verbal ni
físicamente)

2. Encierre en un círculo la fuerza que le gustaría
desarrollar más.

3. Elija dos o tres de las fuerzas encerradas en un
círculo que sean más importantes para usted.
Después, considere lo siguiente:

Piense en las veces, cuando era más joven, en las que
actuó con integridad en las situaciones que involu-
cran estas fuerzas. ¿Cómo se sintió? ¿Está ahora su
conciencia tranquila respecto a estas fuerzas? Si no es
así, ¿qué le costaría alcanzar esta tranquilidad?

4. Elija una de estas fuerzas de carácter y practí-
quela durante el siguiente mes. Adhiérase a un
plan. Ponga en práctica este plan en pequeñas
dosis de tal modo que sea capaz de aplicar la
fuerza de carácter más adelante bajo presión.

5. Propóngase cultivar otras fuerzas de carácter,
una por una y de forma similar, durante los siguientes meses.

Sharon Salzberg (2004) sugiere observar al menos
cinco reglas básicas que puedan ayudarnos a cultivar
gradualmente las fuerzas de carácter: dejar de mentir
(y de utilizar un lenguaje soez), de robar (tomar lo que

no nos es dado), de matar o usar la violencia física, de utilizar la energía sexual de una manera que cause daño, y de intoxicarse (lo cual nos hace menos capaces de controlar nuestras acciones).

¿Por qué te apresuras a quitar cualquier cosa que lastima tus ojos, mientras que si algo afecta tu alma pospones la cura hasta el próximo año?
HORACIO

Perdonarse a sí mismo

La condición humana presenta un dilema. Ciertamente nos sentimos mejor con nosotros mismos cuando vivimos honrada y constructivamente. Sin embargo, somos humanos, lo que significa que somos imperfectos y que, inevitablemente, tomamos decisiones que no son honradas ni constructivas, algunas veces haciendo cosas que nos lastiman a nosotros mismos y a otros. En otras palabras, nuestras acciones no coinciden con nuestros ideales y cometemos errores. Si nos aferramos a los traspiés y concluimos que somos irremediablemente malos, nuestra autoestima y nuestra motivación de ser mejores lo sufrirán. Al perdonarnos a nosotros mismos encontramos una salida a este dilema. El perdón nos ayuda a comenzar de nuevo con alegría, a pesar de nuestros errores. En otros tiempos, el perdón se consideraba importante solamente por el bienestar espiritual. Sin embargo, estudios recientes han demostrado que el perdón también redunda en diversos beneficios psicológicos y clínicos. Tal como lo verá usted en el siguiente relato, también puede tener otras ventajas.

Una anciana regresaba a su camioneta después de hacer las compras en el supermercado, mientras se aproximaba vio que cuatro jóvenes estaban dentro. Colocando sus bolsas sobre el piso, sacó de su bolso una pistola y gritó:

— ¡Tengo una pistola y sé cómo usarla! Los jóvenes rápidamente huyeron. La mujer subió a la camioneta, pero temblaba tanto que no podía insertar la llave en el encendido. Finalmente, se tranquilizó lo suficiente para darse cuenta de que se encontraba en la camioneta equivocada. Salió y localizó su propia camioneta, la cual estaba estacionada ahí cerca. Se sintió tan mal, que condujo hasta la estación de policía y le explicó al sargento lo que había hecho, disculpándose pródigamente. El sargento se rió y dijo:

— Está bien, señora. ¿Ve aquellos jóvenes que están allá? Acaban de reportar que fueron confrontados por una anciana loca que portaba un arma.

Los hombres retiraron los cargos. Algunas veces, cuando sólo estamos tratando de pasar por la vida, luchando contra sus miles de elecciones y sucesos confusos, hacemos lo incorrecto. Cuando esto sucede, el perdón resulta provechoso.

¿Qué es el perdón?

El perdón consiste en desprenderse del resentimiento, del enojo, de la amargura, del odio y del deseo de castigar o de vengarse de las pasadas ofensas o de las malas acciones. Podemos elegir perdonar aun cuando el ofensor no lo merezca.

¿Por qué hacemos esto? Perdonamos para disolver nuestros vínculos con el pasado. Aunque una ofensa en nuestra vida pueda haber sucedido hace mucho tiempo, a menudo seguimos combatiendo el recuerdo, el cual se convierte en una carga que nos agobia y que evita que avancemos. En la lucha, probablemente estemos juzgando al malhechor por su "maldad". Podríamos estar planeando cómo vengarnos o castigar al ofensor. En el perdón, nos alejamos del combate. Nos liberamos del pasado, dándonos cuenta de que castigar, vengarse y juzgar no son el remedio. Dejamos de insistir en que el pasado sea modificado para poder ser dichosos nuevamente y, en lugar de eso, aceptamos la responsabilidad de nuestra felicidad presente. Paradójicamente, al liberar la carga, obtenemos un mayor control de nuestras vidas.

Perdonarnos a nosotros mismos es igual de importante. Si no podemos llegar a un acuerdo con nuestras malas acciones pasadas, entonces nuestra vida presente se ve dominada por la vergüenza —vemos sólo lo malo en nosotros mismos—. Un concepto así de nosotros mismos disminuye la alegría en el trayecto de nuestra vida: no hay placer en persistir en la culpa, en la autoaversión o en la autocensura. La vergüenza agota la energía que necesitamos para responder a las necesidades de otros por completo. Es difícil percibir las necesidades de otros cuando nos enfocamos en nuestras propias heridas cicatrizadas o somos debilitados por ellas. Podríamos pensar que revivir constantemente la ofensa, evitará su recurrencia; pero, en realidad, esa repetición tiende a disminuir la capacidad de vivir bien.

El perdón no es nada de lo siguiente:

Condonar, excusar o ver la ofensa con inesperada complacencia. De hecho, al perdonar aceptamos la responsabilidad de mejorar y de asegurarnos que la ofensa no se vuelva a repetir.

Perdonar completamente. Ciertamente, deseamos conservar la lección pero eliminar las emociones dolorosas.

Minimizar el daño que se ha hecho. Por el contrario, comprender el daño ocasionado nos ayuda a evitar repetir la ofensa.

Permitir que las ofensas continúen. No podemos controlar las decisiones de otras personas respecto a su conducta. Sin embargo, podemos asegurarnos de que nuestra conducta cambie. Ciertamente, debemos hacer nuestro mejor esfuerzo por asegurarnos de ser inofensivos si es que vamos a ser dichosos.

Reconciliarnos con el ofensor o confiar en él. Cuando

el malhechor es alguna otra persona, puede no ser inteligente reconciliarnos si existe la posibilidad de que esa persona repita la ofensa. Sin embargo, reconciliarse y restablecer la confianza será el objetivo después de perdonarse a uno mismo.

Los pasos fundamentales para perdonarse uno mismo

Confucio decía: "Mientras más sabe un hombre, más perdona." Los siguientes pasos nos pueden servir de ayuda para aplicar el perdón en nosotros mismos.

1. *Reconocer el daño que se ha hecho a otros y a sí mismo por su conducta.* Analice esta idea de una manera bondadosa y sin emitir juicios. Asigne la responsabilidad por la ofensa de manera realista. Por ejemplo, una víctima de violación podría culparse totalmente porque piensa que fue descuidada. Una visión más realista sería que el perpetrador sea responsable del crimen y no la víctima.

2. *Ejecutar los desagravios de la mejor manera posible* (disculparse, restituir lo que fue tomado, etc.)

3. *Comprometerse a vivir tan honrada y constructivamente como le sea posible, utilizando lo que ahora sabe.* Esto es algo que cualquier persona puede hacer. Entienda que el futuro aún es desconocido y se pueden esperar los virajes equivocados.

4.   *Hágase amigo de la culpa.* La culpa es una hermosa emoción que nos alerta cuando algo está mal, de tal modo que logremos estar en paz con nuestra conciencia. Sin conciencia no habría moralidad. Así pues, podemos admitir la culpa cordialmente y con aceptación, igual que admitimos todas las demás emociones. Después de responder a la culpa, ésta habrá hecho su trabajo y entonces podemos dejarla ir. Hayes (2005, 193) nos recuerda que no poseemos un manual del propietario, así pues, "rechace respetuosamente la invitación de su mente a golpearse a sí mismo por no saber lo que contenía el manual del propietario que no le fue entregado... Usted hizo lo mejor que podía entonces. Ahora ya sabe más."

5.   *Juzgue las conductas y no el valor intrínseco.* Recuerde que su personalidad intrínseca es más grande que sus decisiones, malas elecciones o virajes equivocados aislados. Una mala decisión que haya sido tomada un día o durante un periodo en particular, no es la esencia de su personalidad. Un viraje equivocado no significa que no podamos corregir el curso y volver al camino, y tampoco significa que se ha perdido el valor intrínseco. Los virajes equivocados no nos definen ni descalifican nuestro valor intrínseco; simplemente señalan las áreas que deben ser mejoradas. Podemos aceptar los errores como parte de

nuestros antecedentes y, entonces, seguir adelante en la vida. Al perdonarnos, reconocemos
que poseemos el potencial para cambiar y para
gozar la bondad que existe en nuestro interior.

6. *Esté dispuesto a sentirse constantemente imperfecto.* Ser
    imperfecto, como todos lo somos, no niega el
    valor ni nos descalifica por intentarlo de nuevo.
    Es de humanos errar, y es cruel condenarse uno
    mismo por eso. Si nos hemos salido del cami-
    no que valoramos, simplemente es destructivo
    pensar: "¿Lo ves?, sabía que no podía hacerlo."
    Éste no es usted; es sólo un pensamiento. Sería
    mucho mejor aceptar la decepción y pensar:
    "Las personas imperfectas se tropiezan; yo pue-
    do levantarme y volver al camino."

7. *Conserve la mente del principiante.* Al pensar "no soy
    bueno" nos aferramos al pasado de una manera
    negativa y limitada. La mente del principiante
    nos mantiene atentos a quienes somos y en lo
    que podemos convertirnos. Este punto de vista
    no se ve limitado por lo que hicimos en el pasa-
    do; por el contrario, nos motiva a reinvolucrar-
    nos en la vida de una manera productiva.

8. *Continúe haciendo el bien.* Reflexione sobre las co-
    sas buenas que ha hecho usted en el pasado.
    Siga haciendo estas cosas.

9. *No castigue al ofensor.* Se dice que nadie en su sano
    juicio hará algo perjudicial de manera intencio-
    nal. Aquel que hace daño podría estar sufrien-

do o ignorando cómo cubrir sus necesidades de manera constructiva. Si usted ha hecho todo lo posible por rectificar la ofensa y corregir su rumbo de modo que exista una menor probabilidad de que lo vuelva a hacer, no se castigue a usted mismo.

Sea un buen padre de usted mismo

Algunos son demasiado condescendientes consigo mismos, tomando de manera casual las acciones extremadamente perjudiciales. Otros (tal vez incluyéndolo a usted, puesto que ha decidido leer este libro) son demasiado severos consigo mismos. Sin embargo, no obstante nuestros antecedentes, podemos aprender a convertirnos en buenos padres de nosotros mismos. Una manera de hacerlo es aprender a cuidarnos cuando nos sentimos afligidos por algo que sucedió en el pasado. Considere el diálogo interior que un padre podría tener acerca de una hija muy querida que se siente mal por un error del pasado.

Pregunta:	¿Por qué lo hizo?
Respuesta:	Porque no es perfecta.
Pregunta:	¿Se merece el perdón?
Respuesta:	Realmente no. Es culpable de la ofensa.
Pregunta:	¿Se merece un castigo?

Respuesta:	Sí, si se debe actuar con justicia.
Pregunta:	¿Confío plenamente en que será perfecta y nunca más cometerá un error?
Respuesta:	No; pero, conociéndola, estoy muy seguro de que hará lo posible por no repetir este error.
Pregunta:	¿Deseo que sufra continuamente por el error?
Respuesta:	No.
Pregunta:	¿Por qué no?
Respuesta:	Porque la amo y deseo que mejore y sea feliz. Padecer la culpa lentamente sólo la coartará.
Pregunta:	¿Entonces qué es lo mejor que se puede hacer?
Respuesta:	En vez de condenarla y obsesionarme con sus faltas, le reclamaré y la liberaré para que aprenda y crezca. En resumen, la perdono.

Ahora, repase de nuevo este diálogo. Sólo que, esta vez, reemplace las palabras "ella" y "su" por "yo", "mí" y "yo mismo", según sea el caso.

La culpa y el orgullo autodestructivo

Cierta clase de orgullo autodestructivo puede mantenernos atados a la culpa. A continuación aparecen los pensamientos de orgullo autodestructivo y sus contrarréplicas:

Otras personas hacen ese tipo de cosas, pero yo soy mejor que otros y debí haberlo sabido.

¿Por qué debía usted haberlo sabido? ¿Espera ser más perfecto de lo que es? Tal vez podría aceptar que es usted imperfecto, igual que todos los demás. Quizás podría dejar de juzgarse y condenarse a sí mismo y, en vez de eso, enfocarse en mejorar sus aptitudes o su conducta. Quizás podría dejar de compararse con otros y enfocarse simplemente en lo que actualmente está eligiendo y haciendo. Permita que el ego y la crítica desaparezcan a favor de la bondad.

Si me esfuerzo lo suficiente, seré perfecto y me proyectaré hacia mi imagen idealizada.

Si usted se esfuerza, es probable que alcance su potencial, pero nunca llegará a la perfección. Esto es lo que hacen los humanos. Deshágase de la vergüenza, que nos lleva a decir: "No soy bueno y nunca mejoraré." Por supuesto, un error significa que somos falibles. Sin embargo, aún somos infinitamente valiosos y capaces de superar nuestros errores y de cambiar el rumbo.

Alguien que no alcanza sus objetivos a la perfección, no merece sentirse bien. Esa persona debería ser castigada.

Una vez más, aquel que no cubre sus ideales, es falible, lo cual no siempre descalifica a esa persona para que lo intente de nuevo y se sienta bien. Podemos sentirnos satisfechos de saber que estamos luchando por hacer lo correcto de la mejor manera que conocemos. Ya todos sufrimos por tener defectos. Podemos aprender a cargar con este sufrimiento con compasión en vez de crítica, castigo y condena. La compasión es un estimulante mucho más poderoso.

Perdonar es difícil

Puede resultar difícil dejar escapar una ofensa, pues la mente que resuelve problemas desea solucionar y deshacerse de ellos. Este método funciona de maravilla con los problemas concretos y externos, como una llanta ponchada. No siempre funciona con los problemas internos, como el recuerdo de un suceso de nuestro pasado. Algunas veces, primero debemos sanar antes de dejar escapar las viejas ofensas que nos han afectado internamente y algunos piensan que la ayuda divina facilitará este proceso. Aquellos que se sienten atraídos por la espiritualidad, podrían encontrar alivio en el siguiente relato, al que llamo la "Parábola de los portaobjetos rotos" (Shupe 2006). Cierto domingo, en una pequeña iglesia rural de Maine, el pastor reunió a los niños a su alrededor y les contó esta historia:

Cuando era un niño de primaria en Colorado, mi maestro dijo:
— Lleven sus abrigos al receso. No se les permitirá regresar por ellos.
Yo pensé, no hay problema, no tendré frío. Una vez afuera, sin embargo, comencé a sentir mucho frío. Realmente tenía miedo de volver al salón, pero pensé que era mejor arriesgarme al enojo de mi maestro que morirme congelado y prácticamente me estaba muriendo por congelamiento. De modo que me introduje a escondidas en el salón. Abrí el armario en donde estaban todos los abrigos colgados y tiré del mío. Junto con el abrigo se vino abajo una caja de portaobjetos nuevos, los cuales se rompieron en pedazos sobre el piso. Rápidamente corrí hacia fuera.
Cuando entramos nuevamente, el maestro dijo:
— Alguien sabe quién rompió esos portaobjetos. ¿Puede alguien decirme quién fue?
Yo solamente incliné mi cabeza y mantuve la boca cerrada durante el resto del día. Al regresar

a casa, me sentía realmente mal y mi madre supo que algo no marchaba bien; sin embargo, no dije nada. Finalmente, no pude soportarlo más y se lo conté todo. Ella dijo:

— Está bien. Sólo dile a tu maestro lo que sucedió y ofrécele pagar por los portaobjetos.

En ese entonces, solo recibía veinticinco centavos como concesión y me imaginé que tendría treinta y siete años para cuando terminara de pagar. Sin embargo, entré y le dije al maestro:

— Me estaba congelando y traté de bajar mi abrigo; no era mi intención que los portaobjetos se rompieran y me sentía demasiado avergonzado para decirle, pero le daré cada semana toda mi concesión de veinticinco centavos.

En ese momento, el maestro amplió la verdad de manera considerable, diciendo:

— Me percaté de que sólo se rompieron dos portaobjetos, así que puedes pagar cincuenta centavos y eso cubrirá el daño.

Tenía exactamente cincuenta centavos en el banco y, por lo tanto, me sentí extremadamente aliviado.

La moraleja de la historia: Dios está en el negocio de amar y perdonar. Nunca considere usted que ha hecho algo tan malo que Dios no lo perdonará ni lo amará. No se oculte de Dios cuando cometa un error; por el contrario, acuda a él en su debilidad para que pueda experimentar su amor sanador y su misericordia.

Pensar que Dios no perdona a las personas por sus errores, es sólo un pensamiento.

Ejercicio: Perdonarse a sí mismo

Esta actividad combina la conciencia con las habilidades de la Terapia de la Aceptación y el Compromiso, TAC (*Acceptance and Commitment Therapy*) que han sido presentadas en capítulos anteriores. Recuerde que tratar de borrar un recuerdo no siempre funciona. En vez de eso, podemos probar el método consciente de dejar que el recuerdo entre en nuestra conciencia por completo y sostenerlo con compasión.

1. Identifique un viraje equivocado del pasado (una decisión, una conducta o un traspié) que aún lo angustia.

2. Haga una lista de los pensamientos resultantes (tales como "no soy bueno" y "eso fue una estupidez"). Haga esto sin emitir juicios y sin reaccionar emotivamente. Cualquier cosa que piense o sienta está bien. Acepte completamente el sufrimiento que se causó a sí mismo y a otros.

3. Reduzca cada pensamiento a una o dos palabras que describan la emoción asociada con él. Este proceso podría verse así:

Pensamiento	Emoción
"No soy bueno."	Malo
"Estoy tan decepcionado de mí mismo."	Decepcionado
"Temo que esto se sepa."	Avergonzado
"Perdí mi inocencia."	Abochornado
"Perdí mi sentido de la travesura."	Aletargado
"Herí a alguien."	Triste
"Perdí la confianza de mi familia."	Afligido

4. Acuérdese del ejercicio Leche, Leche, Leche en el capítulo 3. En este ejercicio percibió por completo la leche en su mente y después repitió la palabra "leche" en voz alta lo más rápido posible durante cuarenta y cinco segundos. Al hacer esto, las personas por lo general observan que el significado de la palabra desaparece y ésta se convierte simplemente en un sonido. Ahora, observe la primera emoción en su lista del paso 3 y admítala en su conciencia, acogiéndola con total aceptación y bondad. Repita la palabra en voz alta lo más rápido posible durante cuarenta y cinco segundos.

5. Repita este proceso con las otras emociones. No emita juicios sobre las emociones ni trate de deshacerse de ellas.

6. Cuando haya terminado, tranquilícese a sí mismo. Con un corazón gentil y abierto, siéntese

con el recuerdo que lo ha estado afligiendo, sosteniendo éste y cualquier emoción, pensamiento o sensación asociados de manera compasiva, en la vasta bondad de la mente sabia. Respire en el recuerdo y permítale instalarse.

7. Cuando esté listo, exhale y libere el recuerdo, permitiendo que la conciencia del recuerdo se disuelva mientras exhala.

8. Tenga la intención de perdonar. Repita mentalmente:

Por cada vez que no he cubierto mis expectativas y me he dañado a mí mismo y a otros, ofrezco perdón. Busco la sanación, por lo tanto, seré inofensivo hacia los demás, feliz y útil.

Que sea perfecto. Que sea perdonado. Que libere el sufrimiento. Que progrese. Que todo aquel a quien he herido sea perfecto y feliz. Que él o ella progresen.

La sabiduría me dice que no soy nada. El amor me dice que lo soy todo.

NISARGADATTA MAHARAJ

Perdonar a otros

Resulta estresante permanecer enojado y amargado por las pasadas ofensas cometidas por otros. Esas emociones ocultan la verdadera personalidad. Al igual que al perdonarse uno mismo, perdonar a otros nos libera de la pesada carga y nos permite vivir nuestro yo intrínseco de manera más favorable. Perdonar es una acción noble hacia uno mismo; también es una acción noble hacia otros. Algunas veces, aunque no siempre, perdonar ayuda al ofensor a cambiar. Durante los disturbios raciales de Los Angeles en 1992, Reginald Denny fue arrastrado del camión que conducía, golpeado y gravemente herido. Aunque enojado, explicó que realmente amaba al ofensor y abrazó a sus padres. La madre del ofensor dijo que la respuesta de Denny dio inicio al proceso de mitigar el enojo de su hijo.

Si bien perdonar a un ofensor puede no transformar a esa persona, este es un acto de fortaleza que modifica la vivencia del que perdona. El Dalai Lama ha demostrado que los monjes tibetanos que han sido torturados por los chinos, no sufren típicamente el trastorno por estrés postraumático. Esto se debe a que los monjes ven a los ofensores como personas que sufren y responden con compasión por ellos y por sí mismos.

Ejercicio: La vela del perdón

La siguiente estrategia (Eifert, McKay y Forsyth 2006) puede servir de ayuda en el difícil proceso del perdón. Los autores señalan que no podemos desarrollar la compasión si estamos huyendo de nuestra vivencia. Intente pasar al menos quince minutos diarios realizando este ejercicio.

Encienda una vela, después siéntese cómodamente en posición del meditador (los pies firmes sobre el piso, la espina dorsal cómodamente erguida, el torso superior relajado y las manos descansando en el regazo). Permita que sus ojos observen la flama de la vela.

Mientras observa la flama de la vela parpadear, lleve su atención al sutil ascenso y descenso de su pecho y vientre al respirar. Al igual que las olas del océano que van y vienen, su respiración siempre está ahí. Perciba el ritmo dentro de su cuerpo. Perciba cada respiración. Concéntrese en cada inhalación... y exhalación. Observe cómo cambian los patrones de sensación en su vientre conforme inhala y exhala. Tómese algunos minutos para percibir las sensaciones físicas mientras inhala y exhala.

Paso 1: Tome conciencia del mal y del sufrimiento que se encuentran ocultos debajo del enojo

Ahora permita que su conciencia pase a una situación reciente en la que sintió enojo. Observe si puede permitirse visualizar toda la escena. ¿Qué sucedió? ¿Quién más estaba ahí? Observe la vela mientras toma conciencia de la situación enojosa que se desdobla en el ojo de su mente. Enfóquese en su respiración mientras observa cómo se desarrolla la situación. Con cada respiración, observe si puede retardar la situación enojosa, como una película en cámara lenta. Mientras lo hace, lleve su atención hacia cualquier sensación de incomodidad que surja. Ahora mismo, evoque lo mejor que pueda una postura de generosa tolerancia y gentil aceptación. Observe si puede hacer espacio para el dolor y el sufrimiento que tuvo entonces y que puede estar reviviendo ahora. Dulcifíquese en él... mientras inhala... y exhala... inhala y exhala. No intente combatir lo que siente. Ábrase a todo: el sufrimiento, el dolor, la tristeza, el remordimiento, la pérdida y el resentimiento. Permítase tomar mayor conciencia de sus emociones angustiantes (como alguna sensación de temor, abandono, soledad, incompetencia, o ser desvalorizado por usted mismo o por otros) y simplemente perciba el sufrimiento que experimentó y el dolor que pueda haber causado. No inculpe. Simplemente perciba y tome conciencia de su vivencia.

Paso 2: Aparte las acciones dolorosas de su sufrimiento y de su origen

Visualice a la persona que lo hirió. Mientras comienza a evocar imágenes, permítales desviarse hacia la vela y convertirse en ella. Enfóquese en la vela como si fuese la persona que lo hirió y recuerde lo que sucedió. Mientras se enfoca en la vela, observe lo que su mente —la máquina del lenguaje— está haciendo y las sensaciones que surgen. Tal vez observe a su mente emitiendo un juicio... culpando... y padeciendo por las sensaciones de tristeza... angustia... resentimiento. Conforme estos y otros pensamientos y sensaciones ingresan en su conciencia, simplemente etiquételos

—"Hay un juicio... culpa... tensión... resentimiento"— y permítales existir. Lleve una conciencia gentil y bondadosa a su dolor y sufrimiento mientras inhala... y exhala... inhala... y exhala... lenta y profundamente.

A continuación, haga un espacio entre las acciones que lo hicieron sentirse herido y enojado y la persona que cometió estas acciones. Si le sirve de ayuda, puede usted visualizar la acción que lo hirió como la flama y a la persona que provocó el sufrimiento como el candelero. Perciba la diferencia entre la flama y la vela. La flama no es el candelero. Las acciones de la persona que lo hirieron no son lo mismo que la persona que las cometió. Mientras inhala y exhala, dése tiempo para conectarse con esta diferencia. Lleve cada acción dolorosa hacia la flama, una por una, y percíbala, etiquétela y después vea la diferencia entre la acción dolorosa y la persona que la cometió. Visualice la acción y no a quien la cometió.

Entonces, después de que haya pasado un tiempo percibiendo cada acción, permita que éstas desaparezcan en el calor, dejando la flama de la vela. Siga observando alguna otra tensión, incomodidad, enojo, herida o cualquier cosa que su cuerpo pueda estar haciendo. Haga espacio para su vivencia mientras lleva la atención hacia su cuerpo y su respiración. No cambie ni resuelva nada.

Paso 3: Lleve testimonio compasivo a su sufrimiento

A continuación, lleve su atención de regreso al ser humano simbolizado por la vela —el que cometió las malas acciones en contra suya—. Observe cómo él o ella son también personas vulnerables al agravio, igual que usted. A un nivel fundamentalmente humano, no son distintos. Observe si puede permitirse tomar su punto de vista como un testimonio compasivo —observe cómo sería la vida a través de los ojos de esa persona—. Conéctese con sus adversidades, sus pérdidas, sus oportunidades frustradas, sus malas decisiones, sus faltas y sus fracasos, sus heridas y su tristeza, sus esperanzas y sus sueños.

Sin perdonar las acciones de esa persona, observe si puede usted conectarse con su humanidad y sus imperfecciones mientras se conecta con su propia humanidad, imperfecciones, adversidades, pérdidas, dolor y sufrimiento. Como un testigo compasivo de este otro ser humano, analice si puede usted relacionarse más profundamente con esa persona. Perciba los pensamientos y emociones del ofensor, sabiendo que también usted ha experimentado ese tipo de pensamientos y emociones. ¿Cómo hubiera sido vivir la vida de la persona que lo ofendió? Lo mejor que pueda, evoque una postura de generosa concesión y gentil aceptación de lo que está viviendo ahora.

Paso 4: Prolongue el perdón, deje escapar la energía negativa y siga adelante

Ahora observe si puede tomar conciencia de cómo sería la vida si dejara escapar toda la energía negativa a la que se está aferrando —sus agravios, sus rencores, su amargura y su enojo—. Conéctese con las razones que se ocultan detrás de su anhelo de liberarse del enojo y del deseo de venganza. Permítase imaginar un futuro opcional lleno de las cosas que ha perdido o a las que ha renunciado por no conceder el perdón. Observe si puede usted conectarse con su futuro sin (olvidar) lo que ha sucedido en el pasado y sin llevar la carga de la amargura, el enojo y el resentimiento hacia la persona que lo hirió.

Permítase tener el valor de dar un paso hacia delante en su vida y dejar escapar su enojo y resentimiento. Quizás sienta cómo el peso de las pasadas heridas y del enojo no resuelto comienza a bajar de sus hombros. Tómese un tiempo para sentir realmente el alivio mientras se imagina deshaciéndose del resentimiento y de la amargura que ha estado cargando por tanto tiempo. Permita que todo esto desaparezca con cada exhalación, y con cada inhalación acoja la serenidad y el perdón. Continúe inhalando... y exhalando. Lentamente. Profundamente.

Cuando esté listo, tome conciencia de cómo ha necesitado del perdón de otras personas en el pasado. Imagínese prolongando ese perdón hacia la persona que lo hirió u ofendió. ¿Qué podría decirle a esa persona ahora? Mientras piensa en esto, perciba cualquier incomodidad que surja y cómo está reaccionando su mente. Si surge el pensamiento: "La persona no se merece eso", simplemente perciba ese pensamiento y gentilmente déjelo ir. Lleve su atención de regreso a su respiración mientras se recuerda a sí mismo que esos actos gentiles y bondadosos de perdón son para usted, no para otros. Imagine el peso que se quita de los hombros mientras elige otorgar el perdón. Acepte la sensación de alivio y control que surge junto con esto. Mientras otorga el poderoso obsequio del perdón, perciba las sensaciones de tranquilidad que surgen ahí en donde antes sólo había dureza, dolor y sufrimiento.

Abrace este momento de tranquilidad mientras regresa a la imagen de la persona que lo ofendió. Lentamente extienda sus manos mientras dice: "Al perdonarte, me perdono. Al dejar escapar mi enojo hacia ti, atraigo hacia mí la tranquilidad. Invito a la serenidad y a la compasión a mi vida y al interior de mi dolor y sufrimiento. Elijo deshacerme de este peso que he estado cargando por tanto tiempo." Repita estas frases lentamente mientras prolonga el perdón.

Contenga y simplemente observe y etiquete cualquier pensamiento y emoción que surjan mientras prolonga este acto de perdón. Perciba el alivio emocional que surge cuando la carga de un rencor está desapareciendo. Observe en este momento si puede percibir la tranquilidad y la sensación de fortaleza interior que surge mientras prolonga la compasión y el perdón. Entonces, cuando esté listo, lleve la conciencia de regreso a la habitación, a su cuerpo y al parpadeo de la flama de la vela. Termine este ejercicio apagando la vela como un gesto simbólico de su propósito de perdonar y de dejar ir y de su disposición a proseguir con su vida.

Algunas veces, nos aferramos al resentimiento, pensando que éste evitará que volvamos a ser lastimados. Si le resulta difícil deshacerse del resentimiento, acepte esa dificultad sin emitir juicios. Cada intento resulta útil. Una sanación suplementaria tal vez necesite comenzar por el perdón. Continúe prolongando la compasión curativa hasta sus heridas.

La contemplación espiritual

Así como las personas que se sienten unidas a los adultos amorosos tienden a tener una sensación de seguridad interior, las personas que se sienten cercanas a Dios con frecuencia dicen tener una profunda sensación de seguridad y una confirmación de su valor. Esto parece estar apoyado por investigaciones realizadas en décadas recientes en las cuales se señala que la espiritualidad y la intervención religiosa ofrecen ventajas psicológicas y físicas de gran alcance

—incluyendo la disminución de ansiedad, depresión, índice de suicidios, uso de sustancias y enfermedades físicas; una mayor satisfacción por la vida; una mayor satisfacción marital y una prolongada longevidad.

Por ejemplo, utilizando los datos de Gallup Poll sobre adultos de dieciocho a noventa y ocho años, J. R. Peacock y M. M. Poloma (1999) investigaron las relaciones entre el disfrute de la vida y las variables religiosas y espirituales. Un análisis previo (Pollner 1989) descubrió que nuestra relación con Dios era una correlación del disfrute de la vida más poderosa que la raza, el ingreso, la edad, el estado civil y la asistencia a misa. Peacock y Poloma descubrieron que la cercanía percibida con Dios era la correlación del disfrute de la vida más poderosa a lo largo de la existencia, seguida por la experiencia de la oración (sentir la presencia de Dios, inspiración o serenidad durante la oración), la afiliación a una iglesia o a una sinagoga, la asistencia a la iglesia o la sinagoga y la práctica de varios tipos de oración.

La cercanía con Dios

La palabra contemplación se deriva de dos raíces latinas: *con*, que significa "con" y *templus*, que significa "un espacio para meditar." Así pues, la contemplación espiritual consiste en hacer espacio en nuestras vidas para sentir la presencia de Dios. Uno de los objetivos compartidos por la mayoría de las tradiciones espirituales es ayudar a los individuos a acercarse más a Dios, quien, dependiendo de nuestra tradición, puede ser llamado el Único, el Ser Supremo, el Bienamado, el Poder Creativo, el Misericordioso, Alá, la Providencia, la Fuente de Todo Ser, Señor, el Absoluto, Adonay (el Supremo Ser), Shekkinah (El que habita dentro), el Maestro del Universo, el Poder Superior, el Padre, Abba (en arameo esta es una manera íntima en que los niños se dirigen a su padre) o varios otros títulos.

En muchas tradiciones espirituales, los objetivos de la contemplación espiritual se describen como desprendernos del pensamiento y abrirnos a la cercanía de Dios; confiar en Dios; descansar y renovarnos en la amorosa presencia de Dios; sentir la unión divina, la comunión y la conexión; experimentar una relación íntima y amorosa con Dios y descubrir lo sagrado en nosotros mismos y en los momentos cotidianos. Estos objetivos se sugieren a través de las siguientes reflexiones:

El paraíso significa ser uno con Dios.
CONFUCIO

Aunque mi padre y mi madre me dejaran, con todo, el Señor me recogerá.
SALMO 27:10

Cuando logres venerar a Dios en tu corazón, lo verás en todas partes.
SWAMI SIVANANDA

La meta más alta del hombre: el conocimiento de Dios.
MOSES MAIMONIDES

Dios está en casa. Somos nosotros los que salimos a dar un paseo.
MEISTER ECKHART

Venid a mí todos los que estáis trabajando y cargados, y yo os haré descansar.
MATEO 11:28

Cuando Pedro exclamó: 'Señor, si eres tú, ordena que camine hasta ti sobre el agua', la respuesta de Cristo fue como ha sido siempre: 'Ven'.
JEFFREY R. HOLLAND

Por cada paso que das hacia el Único, el Único se acerca diez pasos hacia ti.
SAGRADA TRADICIÓN ATRIBUIDA A MAHOMA

Siempre que escuchamos sobre la grandeza de Dios, también escuchamos sobre Su humildad. Él es lo tan grande, que un simple ser humano puede ser tan importante para Él como todo el universo.
TALMUD

Ya sea que ames a Dios o a un ser humano, si amas lo suficiente, vendrás a la presencia del Amor mismo.
RUMI

Nos convertimos en aquello que amamos. Aquellos que llaman a Dios con sinceridad, descubrirán la presencia de ese Dios en su interior.
KABIR EDMUND HELMINSKI

El Señor es mi pastor...junto a aguas de reposo me pastoreará...
SALMOS 23:1-2

Para que todos sean uno; como tú, oh Padre, en mí, y yo en ti, que también ellos sean uno en nosotros.
JUAN 17:21

El hombre no necesita un recorrido turístico de las catedrales del mundo para entrar en contacto con la deidad. Sólo necesita ver su interior. Para hacerlo, debemos sentarnos en silencio.
ALBERT SCHWEITZER

Mi presencia irá contigo y te daré descanso.
ÉXODO 33:14

Al entregarnos a Dios, descubrimos quiénes somos en realidad.
ANÓNIMO

¿No sabéis...que el Espíritu de Dios mora en vosotros?
1 CORINTIOS 3:16

Ejercicio: Contemplación espiritual

Dios habla en el silencio del corazón... y nosotros escuchamos.

Madre Teresa

Esta meditación por lo general dura entre veinte y treinta minutos. Busque un sitio en el que no será interrumpido y comience (puede pregrabar este guión o pedirle a alguien que lo lea para usted en voz alta).

1. Prepare su cuerpo y su mente. Quizás desee estirarse, caminar o tomar un baño antes de comenzar. Libere lo mejor que pueda, el enojo, el odio, el temor y cualquier otro apego negativo.

2. Siéntese en la postura del meditador (los pies firmes en el piso, la espalda cómodamente erguida, las manos descansando sobre el regazo). Recuerde las actitudes de la conciencia, especialmente compasión, la aceptación, la paciencia, la abstención y el buen sentido del humor.

3. Cierre sus ojos.

4. Serenamente, atienda su respiración. Permita que su mente y su cuerpo se instalen en su respiración. Permita que las agitadas aguas del alma también se instalen y se vuelvan cristalinas... serenas...sosegadas. Sujétese a su respiración, pasando por debajo de los pensamientos de la mente ordinaria. No juzgue a la mente divagante. Si surgen pensamientos como "no creo estar haciendo bien esto"; "no merezco hacer esto";

"esto se siente realmente bien —no quiero que termine—" y "¿qué tal si esto no funciona?", sólo reconózcalos como simples pensamientos y lleve su atención de regreso a descansar en su respiración. Si lo considera de utilidad, repita varias veces en silencio o en voz alta una palabra (como "amor", "cerca", "serenidad", "tranquilidad", "el único" o "Abba") o una frase reconfortante (como "presencia divina", "más cerca de Ti", o "amor de Dios"). Repetir la palabra o la frase por un rato le ayudará a tranquilizar la mente.

5. Permita que media sonrisa se dibuje en su rostro y perciba la sensación. Después permita que esa sonrisa y esa sensación de contento se esparzan por su cuerpo.

6. Y ahora, piense en infinita y tierna bondad y misericordia. Pase algunos minutos meditando sobre todos los dones divinos que inspiran sentimientos de gratitud... cualquier cosa grande o pequeña que bendiga su vida o le ayude... cualquier cosa hermosa y buena. Perciba lo que se hace consciente (quizás piense usted en las sonrisas de los seres queridos... un trago de agua clara y fría o agua cristalina para bañarse... la fragancia del césped cortado o de las flores... la brisa sobre su piel... las nubes... una cama en la cual dormir... lo que el cuerpo puede hacer —moverse, disfrutar de la intimidad sexual, del

hablar... de la comida apetitosa... de la pasta de dientes). Al percibir el poder creativo oculto en todo esto, tal vez reconozca también el poder creativo que se encuentra oculto en usted... que usted es parte... una parte valiosa del todo... un universo en donde todas las cosas se interconectan. Y nos referimos a este poder creativo en el universo de una manera íntima, llamándole Dios *nuestro* Señor, auxiliador, protector, consuelo... y apreciamos que el maestro de la creación está cerca de cada individuo creado y se ocupa de él. Reflexione sobre este amor por algunos momentos. Permita que los sentimientos de gratitud y felicidad descansen en su cuerpo.

7. Respire profundamente y deje ir todo. Y ahora, diríjase interiormente hacia Dios... tome conciencia de la bondad de Dios... sea receptivo a su presencia. Quizás se sorprenda recogiendo sus preocupaciones y aproximándose a Dios... alcanzando... con un corazón atenuado y abierto... siento más cerca la presencia de Dios. Cualquier cosa que sienta, está bien, ya sea que se trate de comodidad... seguridad... calor... satisfacción... luz... o solamente una quietud simple y serena... A su modo, ábrase a esa presencia... Libere, relájese y descanse en la presencia amorosa de Dios... sintiéndose como en casa... una comunión serena y sanadora...con el asombro de la mente del principiante... sin tratar de que suceda

algo pero, pacientemente receptivos a cualquier manera en que sentimos la presencia divina en la callada quietud de su corazón.

8. Descanse en esa callada quietud y seguridad durante algunos minutos, respirando lentamente.

9. Tome conciencia de que puede usted recordar la presencia divina a lo largo del día y de que puede repetir esta meditación. Cuando esté listo, abra sus ojos lentamente.

Otras maneras de acercarse a Dios

La contemplación espiritual es una manera de vivir la cercanía de Dios. Rezar es otra ruta complementaria. La oración puede ser ritualista (como leer un libro de oraciones o recitar una oración memorizada) o expresada desde el corazón, y puede surgir en forma de adoración o elogio, gratitud, conversación (hablar en su propio idioma, con sus palabras y debatir sobre los problemas, los planes o las inquietudes) y petición (pedir apoyo y orientación durante las decisiones o el perdón). Leer las sagradas escrituras, asistir a los servicios de culto, realizar actos de servicio (llamados a veces "amor en acción") y vivir de una manera santa, también son formas de abrirnos a la cercanía de Dios. La Madre Teresa nos enseñaba que la santidad es un simple deber para todo el mundo; podemos ser santos en cualquier estado o posición en la vida. Al hacerlo, podemos elegir entre liberar los hábitos que son autodestructivos o perjudiciales para otros o elegir ir por todos lados haciendo el bien de muchas maneras distintas (como rendir pequeños actos de bondad a los familiares). El Padre Thomas Keating (1992), quien escribe exhaustivamente sobre la contemplación, dice que el arrepentimiento está cambiando la dirección en la que uno busca la felicidad.

El espíritu es la verdadera personalidad y no esa figura física que puede ser señalada por su dedo.
CICERÓN

10. MIRE HACIA ADELANTE

El optimismo, que se relaciona con la autoestima, nos permite mirar hacia adelante, hacia una vida satisfactoria. La satisfacción en la vida se construye con las técnicas de la inteligencia emocional (como curar y cuidar de nosotros mismos emocionalmente), insistiendo en hacer lo que funciona, en el desarrollo personal y en cultivar significado y propósito, entre otras cosas. Este capítulo analizará otros tres procesos que se relacionan con la autoestima y la satisfacción en la vida: el desarrollo de la personalidad, cultivar significado y propósito, y prevención de la reincidencia.

El desarrollo de la personalidad: abrirnos a lo que podríamos llegar a ser

El desarrollo de la personalidad se vuelve agradable cuando los seguros cimientos del aprecio y amor incondicionales se encuentran en su lugar. Sin embargo existe al tratar de mejorar cuando faltan estos cimientos, una cualidad dirigida y desolada. Así pues, es mejor aprender las habilidades incluidas en este libro, después de haber trabajado para intensificar su sentido del valor y del amor propios.

Consideramos el desarrollo de la personalidad un proceso porque es constante y porque no se termina nunca. El camino puede ser recorrido con una actitud amable y alegre. Piense en los aspectos agradables de las personas que usted conoce —amigos, familiares, vecinos, niños, compañeros de trabajo o gente famosa—. No cambiamos de la noche a la mañana y no nos gustaría llegar a ser como alguien más, sino que podemos confiar en nosotros mismos para cultivar los rasgos de nuestra latente personalidad de una manera única. Analice la siguiente lista de atributos que por lo general son apreciados en la gente:

Apreciativo

Determinado, resuelto

Abierto a nuevas experiencias

Propenso a maravillarse/deleitarse

Flexible (no rígido; adaptable, dispuesto a retractarse)

Gentil

Entusiasta

Amistoso, acogedor

Vulnerable (¿acaso alguien disfruta de aquellos que piensan que son perfectos?)

Alegre

Cálido

Sincero

Cómodo con toda la gama de emociones

Agradecido

Cortés

En armonía con los demás, atento, interesado

Valiente (insiste a pesar del miedo)

Respetuoso

Fuerte	Pensativo
Trabajador	Seguro, confortable
Calmado	Autodependiente (no necesitado)
Íntegro	Impulsor
Organizado	Estable
Humilde	Aventurero
Paciente	Amable
Equilibrado, gracioso	Táctico
Amante de la diversión	Optimista (no se basa en las negativas)
Independiente, automotivado	Curioso

Perdonar

¿Podría pensar en otros atributos qué añadir? Si tuviera que elegir cultivar cinco atributos de la personalidad solo por diversión, ¿cuáles serían? Enciérrelos en un círculo. Después, simplemente, dispóngase a cultivar estos atributos en su vida. Podría meditar de vez en cuando sobre qué tan diferente sería su vida si estos atributos estuvieran más desarrollados. Por ejemplo, si eligiera cultivar la cortesía, podría pensar en cómo lo haría sentir a usted y a los demás el dar las gracias, dejar que los conductores pasaran antes que usted, hacer cosas buenas por los demás o sonreírles a los dependientes en las tiendas. Lo maravilloso es que el desarrollo de la personalidad puede continuar incluso aunque nuestros ancianos cuerpos vayan en declive.

> *El único objetivo legítimo del hombre es terminar el trabajo de Dios —llevar a su completo desarrollo las habilidades y los talentos que nos fueron implantados.*
> ERIC HOFFER

Significado y propósito

La autoestima se relaciona intensamente con nuestro sentido del significado y el propósito. El famoso sobreviviente de un campo de concentración, Viktor Frankl (1959) observó que saber que nuestra vida tiene un significado y un propósito le atribuye una tranquila fortaleza interior que les permite a las personas soportar el enorme sufrimiento. Frankl explicaba que los campos de concentración provocaban que algunos cayeran en la depravación; sin embargo, otros elevaban su carácter y su servicio desinteresado. El orgullo del sobreviviente que ha sido sentido por las personas fuertes que han pasado por un enorme sufrimiento, incluye a los individuos que (1) descubren que ya poseen una fortaleza interior mayor que la adversidad y que (2) saben que sus vidas siguen teniendo un significado y un propósito. El significado y el propósito provienen del hecho de descubrir y desarrollar el carácter y las fortalezas de la personalidad. Asimismo, provienen del uso de estas fortalezas para beneficio de otros, a lo cual Aristóteles describía como un camino hacia la felicidad.

Algunos estudios han demostrado que el definir el éxito principalmente de manera material, lleva a un ajuste psicológico más pobre. Sin embargo, un tema común entre las culturas es que aquellos que piensan en los demás y tienen el propósito de mejorar el mundo, adquieren mayor felicidad y conciencia de su valor intrínseco. Las personas que comprenden esto a muy temprana edad son afortunadas. En la cultura japonesa, kigatsuku es el espíritu interior que nos ayuda a ver las necesidades de los demás y que ofrece su ayuda sin que se le solicite. La agraciada maestra, Chieko Okasaki, relata que cuando era niña su madre le decía: "Estoy buscando a una niña kigatsuku para que me ayude con los trastos." Muy pronto aprendió a ver lo que se necesitaba y a ofrecer su ayuda sin que se lo solicitaran. Si viajara por todo el mundo haciendo un servicio, tal vez recogería la basura en un baño público, el cual se siente privilegiada de usar, explicando que ayudar es el trabajo de todos.

¿Cómo haríamos del mundo un lugar mejor? Existen muchas maneras. Cuando alguien le preguntó a la Madre Teresa cómo podría ayudarla, ella simplemente dijo: "Ven y observa." Podemos simplemente observar lo que se necesita hacer y hacerlo lo mejor posible. Esto podría significar ofrecer una ayuda física (como limpiar o dar un aventón) u ofrecer una sonrisa, un oído atento o un aliciente. Las sencillas expresiones de ayuda pueden ser ofrecidas a la familia, los amigos, los compañeros de trabajo o a los extraños. O, si poseemos los medios, podemos donar tiempo o dinero para una noble causa (como un comedor público, Madres en contra conducir en estado de ebriedad, Hábitat para la Humanidad o una campaña política). Además, un empleado de limpieza podría ver su trabajo como el simple acto de limpiar y tirar la basura. Otro podría verlo como la creación de un entorno que ayuda a los maestros a enseñar y a una generación de niños a aprender.

Otra manera de hacer del mundo un lugar mejor es embellecer o mejorar nuestro ambiente por el bien de los demás. Esto podría incluir la expresión artística (como la pintura o la poesía), inventar, asear el hogar o el lugar de trabajo, o recoger la basura en tu trayecto. Asimismo, podría usted pensar en cómo sería estar en los zapatos de otra persona y observar cómo sus acciones afectan a esa persona. Plante (2004) nos recuerda que una trabajadora de limpieza de un hotel arregla el desorden de los demás y puede ser ignorada por los huéspedes. Tal vez ella apreciaría recibir un simple saludo de los huéspedes para los que ella limpia. Una vendedora de mostrador puede sentirse cansada después de un día de estar tratando con clientes demandantes. Una sonrisa de empatía o una palabra de agradecimiento por su servicio significarían mucho.

S. C. Hayes (2005; Eifert, McKay y Forsyth 2006) nos recuerda que todos llevamos cargas —tal vez recuerdos, heridas parcialmente sanadas, preocupaciones, dudas o temores—. En vez de tratar de ignorarlas, negarlas u ocultarlas, podría pensar en ellas como si fuesen pasajeros en el autobús que está usted conduciendo por la vida. De manera compasiva reconoce que están a bordo, pero usted no necesita escuchar cada demanda para detenerse, desviarse o permitirles conducir. De esta manera, podemos avanzar en la vida con determinación, incluso con estas imperfecciones. Recuerde que usted es quien conduce, no el que está siendo conducido. Elija una velocidad adecuada. No puede usted hacer todo y no puede hacerlo a la vez. Sin embargo, es posible experimentar la seguridad y la satisfacción de hacer lo que puede hacer.

No existe mayor satisfacción para una persona justa y bien intencionada que saber que ha entregado su mayor esfuerzo al servicio de una buena causa.
ALBERT EINSTEIN

La prevención de una recaída

Hemos explorado muchas habilidades útiles para cimentar la autoestima. Como en el caso de aprender a tocar un instrumento o jugar un deporte, desarrollamos nuestras habilidades con la práctica. Estas habilidades pueden aliviar los embates de las situaciones difíciles en la vida, ayudando a conservar la autoestima frente a la adversidad.

La última de las habilidades, la prevención de una recaída, le permitirá anticipar y desarrollar un plan de combate ante una difícil situación que pudiera amenazar su autoestima. Así es como los atletas, los guerreros, los bomberos y otros individuos bien entrenados se preparan para anticiparse a las situaciones angustiantes —ensayan lo que pensarán y harán antes, durante y después de enfrentarse a un suceso angustiante o desafiante—. La regla básica es que estemos menos propensos a ser derrotados por una difícil situación si estamos preparados para ello.

Ejercicio: Vacuna contra el estrés

1. Identifique una situación difícil que pudiera minar su autoestima. Podría tratarse de un pobre desempeño durante una importante tarea, no alcanzar los objetivos personales importantes o toparse con una situación que podría llevar al rechazo, el maltrato o la crítica.
2. Señale cualquier afirmación que pudiera resultarle de utilidad para enfrentar esa difícil situación.

Antes

☐   Esto podría ser difícil y desafiante. Tomaré un respiro y haré lo mejor que pueda.

☐   Si me mantengo tranquilo y hago mi mayor esfuerzo, existe una buena probabilidad de que lo haga bien.

☐   No importa lo que suceda, aún seré una persona valiosa.

☐   Nadie es perfecto. Relájate y haz lo que puedas.

☐   Ésta es una oportunidad para crecer. Veo esto como una oportunidad.

☐   No tengo miedo de arriesgar y perder porque sé que mi valor viene de adentro y no de mi desempeño.

☐   Será divertido lograr el éxito. Si no lo hago, no será el fin del mundo.

☐   Ganaré experiencia que me será útil aunque no alcance mi objetivo.

☐   Me concentraré en hacer lo que pueda y no en preocuparme de cómo terminan las cosas.

☐   Me esforzaré por hacer un excelente trabajo, más no por alcanzar la perfección.

☐   Tengo el mismo derecho que cualquier otro de intentarlo.

☐   Sentiré la satisfacción de poner mi mayor empeño en esto y no me preocuparé demasiado por el resultado.

☐   Analizaré las cosas con cuidado y después las

manejaré tan bien como sé hacerlo. Eso es todo
lo que cualquiera puede pedir de una persona.

☐ Otras afirmaciones: _____

Durante

☐ Mantente tranquilo y concéntrate en la tarea.
(las preocupaciones nos apartan de la tarea).
☐ Poco a poco, un paso a la vez.
☐ Es natural sentir temor, tensión y frustración.
Cualquier cosa que sienta, es buena.
☐ Es muy malo que las cosas no sean más perfec-
tas, pero no es una catástrofe.
☐ Algunas veces, simplemente tenemos días así.
Sigue adelante.
☐ Acepto que esta es una situación difícil.
☐ Suceda lo que suceda, estaré bien por dentro.
☐ Las cosas no necesitan salir a la perfección.
☐ Acuérdate de reír. Tal vez no sea perfecto, pero
sé que por dentro sigo siendo excelente.
☐ Otras afirmaciones: _____

Después

☐ Si las cosas salieron bien:
☐ Hice un buen trabajo. Salió bien.
☐ Hice lo mejor que pude y me sentí satisfecho

con el resultado.

☐ Es divertido vencer los retos y hacerlo bien.

☐ Otras afirmaciones: _____

Si las cosas no salen bien:

☐ Soy nuevo en esto. Intentaré otro método la próxima vez.

☐ Ésa era realmente una situación difícil.

☐ Muchas cosas cambiaron durante este tiempo.

☐ Todos cometemos errores.

☐ Al final sabré cómo lograrlo.

☐ Aunque me siento decepcionado, sigo siendo una persona valiosa.

☐ A pesar del resultado, tengo el derecho de aprender de esto e intentarlo de nuevo.

☐ Aunque mis habilidades no fueron las adecuadas para la tarea, soy una persona valiosa.

☐ De acuerdo, ¿ahora qué? ¿Qué es lo mejor que puedo hacer ahora?

☐ Esto también pasará.

☐ Me siento satisfecho al saber que hice mi mayor esfuerzo.

☐ De acuerdo, así que hoy no lo hice tan bien como hubiera querido. Tal vez con un descanso y más práctica, pueda mejorar.

☐ Aunque la gente me critique duramente, puedo ver la situación con más benevolencia.

☐ Debido a esta decepción, seré especialmente compasivo conmigo mismo.

- ☐ Un resbalón no es permanente.
- ☐ Donde hay vida, hay esperanza.
- ☐ Después de algunos años, ¿esto importará realmente?
- ☐ Otras afirmaciones: _____

3. Escriba varias de sus afirmaciones preferidas de cada categoría.

4. Si ha leído los capítulos anteriores, aproveche esta oportunidad para repasarlos e identificar los principios y las habilidades que le resultan más útiles. Después escriba una lista de lo que hará antes, durante y después de la situación difícil. Por ejemplo, antes de enfrentar la situación tal vez desea ejercitarse y examinar su cuerpo para relajarse y hacer uso de su maestría e imaginación para elevar la confianza. Durante la situación difícil, tal vez desee relajar su cuerpo y respirar conscientemente para permanecer tranquilo mientras implementa las estrategias planeadas con anterioridad. Después, podría utilizar sus habilidades de registro diario de pensamientos y neutralización, sus habilidades de ensayo cognitivo, meditación de la sonrisa, sentarse con las emociones, el espejo consciente y el perdón (si no ha leído usted los capítulos anteriores, regrese a este punto después de hacerlo).

5. Repase mentalmente lo que hará y dirá antes, durante y después de afrontar la situación difícil hasta que se sienta razonablemente confiado en su habilidad para manejarla. Usted podrá prepararse de esta manera para cualquier situación difícil.

Busca un camino, no importa qué tan angosto y torcido esté, por el cual puedas caminar con amor y reverencia.

HENRY DAVID THOREAU

FUENTES QUE SE RECOMIENDAN

Libros y videos sobre autoestima y bienestar emocional

Coopersmith, S. *The Antecedents of Self-Esteem*. San Francisco, CA: Freeman. Un trabajo académico sobre las causas y las consecuencias de los diversos niveles de la autoestima.

Rosenberg, M. *Society and the Adolescent Self-Image*. Princeton, NJ: Princeton University Press. Otro clásico académico.

Hayes, S. C., con S. Smith. *Get Out of Your Mind and Into Your Life: The New Acceptance and Commitment Therapy*. Oakland, CA: New Harbinger Publications. Este brillante libro explora el sufrimiento que creamos en nuestra mente al tratar de deshacernos inútilmente de nuestro pasado. Nos enseña a aceptar y a liberarnos de nuestras luchas internas de modo que podamos vivir y valorar la existencia. Se ha descubierto que la terapia TAC reduce la depresión y la ansiedad y resulta de mucha utilidad en los asuntos de la autoestima.

Dr. Seuss. *Oh, The Places You'll Go. New York: Random House*. Un inteligente y humorístico tratado sobre el desarrollo y la falibilidad del ser humano. Escrito para niños, ¿o no?

Mother Teresa. A Film by Ann and Jeanette Petrie with a Narration by Richard Attenborough. Petrie Productions. Videocasete. San Francisco: Dorason Corp. Una poderosa enseñanza sobre el amor incondicional. Aunque está fuera de producción, vale la pena buscarla.

Kevin Miller. 20/20 Downtown. Segmento Dos, 1/20/00. ABC News Home Video. Videocasete. Una persona exageradamente obesa se las ingenia para conservar su autoestima.

Schiraldi, G. R. *The Self-Esteem Workbook*. Oakland, CA: New Harbinger Publications. Basado en el exitoso curso "El estrés y la mente sana", Universidad de Maryland. Contiene instrucciones detalladas sobre muchas técnicas eficaces.

Schiraldi, G. R. *The Post-Traumatic Stress Disorder Sourcebook: A Guide to Healing, Recovery and Growth*. Chicago: McGraw-Hill. "El manual más valioso y coloquial sobre PTSD que jamás haya visto. Una lectura obligada para las víctimas, sus familiares y sus terapeutas", de acuerdo con el Dr. George Everly, Editor Ejecutivo del *International Journal of Emergency Mental Health*.

Schiraldi, G. R. y M. H. Kerr. *The Anger Management Sourcebook*. Chicago: McGraw-Hill. El enojo crónico puede ser una expresión de autoaversión. Este libro ofrece más técnicas prácticas sobre el perdón. "Una lectura obligatoria para aquellos que se proponen seriamente manejar su enojo de una manera más eficaz", de acuerdo con el Dr. R. J. Hedaya, Profesor clínico de Psiquiatría, Georgetown University Hospital.

Schiraldi, G. R. *World War II Survivors: Lessons in Resilience.* Ellicott City, MD: Chevron. Sobrevivientes que describen las fuerzas que les permitieron enfrentar una extrema crueldad, conservar la cordura y regresar a su vida productiva. La autoestima es un componente importante de la recuperación.

Schiraldi, G. R. *Conquer Anxiety, Worry and Nervous Fatigue: A Guide to Greater Peace.* Ellicott City, MD: Chevron. La ansiedad y la autoestima se encuentran altamente correlacionadas, desde la hiperventilación hasta los pensamientos angustiantes. "El mejor libro contra la ansiedad que jamás haya visto", dijo el personal de la Fundación Sidran.

Schiraldi, G. R. *Facts to Relax By: A Guide to Relaxation and Stress Reduction.* Provo, UT: Utah Valley Regional Medical Center. Una amplia gama de técnicas y recursos tradicionales. (Utah Valley RMC, IHC University, 1134 North 500 West, Suite 204, Provo, UT 84604, Tel. 801-357-7176)

Seligman, M. E. P. *The Optimistic Child*. New York: Houghton Mifflin. El uso de la terapia cognitiva para inmunizar a los niños que están en riesgo de sufrir depresión, construyendo fortaleza. Veáse Proyecto de de Penn para la Fortaleza (www.ppc. sas.upenn.edu/prpsum.htm) para conocer más.

Seligman, M. E. P. *Authentic Happiness*. New York: Free Press. La felicidad y la autoestima se superponen de muchas maneras, incluyendo las fuerzas que aquí se han tratado.

Frankl, V. *Man's Search for Meaning*. Boston: Beacon. Un trabajo clásico para descubrir el significado de nuestra vida lejos del sufrimiento, escrito por el sobreviviente del Holocausto que fundó la logoterapia.

Ashe, A., y A. Ramparsad. Days of Grace; *A Memoir. New York: Ballantine*. A pesar de luchar contra los prejuicios y de haber contraído SIDA durante una cirugía de corazón, Arthur Ashe conservó su dignidad y optimismo.

Opydyke, I. G., con J. Armstrong. *In My Hands: Memories of a Holocaust Rescuer*. New York: Anchor. Una joven católica en Polonia arriesgó su vida para salvar a los judíos durante la Segunda Guerra Mundial. A pesar de la increíble adversidad, siguió siendo sensible y optimista.

Marx, J. *Season of Life*. New York: Simon & Schuster. Inspirado por Viktor Frankl, Joe Ehrmann estrella de la NFL, enseña a los jóvenes atletas exitosos que la masculinidad no se encuentra en la proeza atlética, ni en la explotación sexual o el materialismo, sino en el amor y la voluntad.

Eyre, L., y R. Eyre. *Twelve Children's Stories for Teaching Children Joy*. Salt Lake City, UT: Homebase. Incluye brillantes instrucciones para apreciar las diferencias únicas.

Burns, D. *Feeling Good*. New York: Signer. Un práctico libro sobre cómo reemplazar las distorsiones del pensamiento que provocan depresión y minan la autoestima.

Libros y videos sobre la salud física

Flow Motion: The Simplified T'ai Chi Workout. Video por C. J. McPhee y D. Ross, Tai Chi Video Productions (Lightworks Audio & Video, Los Angeles, 800-795-8273, o Collage Video, 800-433-6769). Una manera sutil de utilizar la conexión mente-cuerpo, disminuir la presión sanguínea y mejorar la capacidad física.

Christensen, A. *Easy Does It Yoga*. New York: Fireside. Instrucciones sobre las posturas suaves para los ancianos, los lesionados o los discapacitados. Muchas de ellas son útiles para todos y pueden practicarse ante el escritorio para relajarse y aumentar la energía y la flexibilidad.

Jacobs, G. D. *Say Good Night to Insomnia: A Drug-Free Program Developed at Harvard Medical School*. New York: Owl. Las maneras prácticas de mejorar la calidad y la cantidad del sueño.

USDA. 2005. *Dietary Guidelines for Americans 2005*. Véase www.mypyramid.gov para obtener información nutricional interactiva personalizada.

Libros sobre contemplación espiritual y meditación

Kabat-Zinn, J. Full Catastrophe Living. New York: Bantam Dell. Quizá el mejor libro sobre meditación consciente, una práctica que, se ha descubierto, reduce un sinfín de síntomas clínicos y psicológicos.

Gefen, N. F. *Discovering Jewish Meditation: Instruction and Guidance for Learning an Ancient Spiritual Practice*. Woodstock, VT: Jewish Lights. Con un estilo cálido y cordial, ofrece instrucciones prácticas para los lectores legos.

Kaplan, A. *Jewish Meditation: A Practical Guide*. New York: Schocken. Abundante en ideas.

Dalai Lama y H. C. Cutler. *The Art of Happiness: A Handbook for Living. New York: Riverhead*. Profundas ideas sobre la autoestima y la compasión.

Hanh, T. N. *Peace Is Every Step. New York: Bantam*. Las técnicas prácticas de un tranquilo monje para

cultivar la paz interior, la alegría, la serenidad
y el equilibrio.

Douglas-Klotz, N. *The Sufi Book of Life: 99 Pathways of
the Heart for the Modern Dervish*. New York: Penguin Compass. Meditación Sufi con un toque
ligero.

Keating, T. Open Mind, *Open Heart: The Contemplative
Dimension of the Gospel*. New York: Continuum.
El padre Keating ofrece una perspectiva cristiana.

Libros y videos sobre las habilidades de pareja y de familia

Markman, H., S. Stanley, y S. L. Blumberg. *Fighting
for Your Marriage: Positive Steps for Preventing Divorce
and Preserving a Lasting Love*. San Francisco: Jossey-Bass. Basado en investigaciones sólidas, este
libro ofrece consejos prácticos sobre aspectos diversos, desde la resolución de un conflicto hasta
el incremento de la diversión en la pareja.

Programa de Prevención y Mejoramiento de las Relaciones, PREP (*Prevention and Relationship Enhancement Program*): Recursos para una relación amorosa. Denver, CO. (800-366-0166) *Fighting for Your
Marriage* y otros libros. Cuatro excelentes videos
que le ayudan a desarrollar sus habilidades de
comunicación, a resolver problemas y a promover la intimidad. El método PREP está bien documentado y es muy respetado.

Lundberg, G., y J. Lundberg. *I Don't Have to Make Everything All Better. New York: Viking Penguin.* Un tesoro de métodos para relacionarse con los demás. Aprenda cómo caminar emocionalmente con la gente, en vez de discutir o criticar.

Lundberg, G., y J. Lundberg. *Married for Better, Not Worse: The Fourteen Secrets to a Happy Marriage.* New York: Viking. Otro práctico tesoro para formar un matrimonio satisfactorio.

Latham, G. I. *The Power of Positive Parenting: A Wonderful Way to Raise Children.* North Logan, UT: P&T Ink. Una guía útil y completa para una educación constante, consistente y serena.

Garcia-Prats, C. M., y J. A. Garcia-Prats. *Good Families Don't Just Happen: What We Learned from Raising Our Ten Sons and How It Can Work for You.* Holbrook, MA: Adams Media Corporation. Técnicas basadas en los principios, comenzando por el respeto entre cónyuges.

Eyre, L., y R. Eyre. *Teaching Children Joy.* Salt Lake City, UT: Deseret. Si podemos enseñárselo a los niños, entonces lo hemos aprendido.

Recursos para superar un trauma

El trauma, que por lo general afecta la autoestima, requiere generalmente de terapeutas especialmente entrenados.

El Instituto Sidran es un organismo estaduni-
dense no lucrativo que ayuda a las personas a comprender, recuperarse y tratar el estrés traumático y los
padecimientos afines. Ofrece información, tratamientos, lecturas, materiales educativos y la posiblidad de
ser escuchado, sin cargo alguno, para los sobrevivientes de un trauma y sus familiares (para buscar un terapeuta especializado en traumas, póngase en contacto con el Instituto Sidran, 200 East Joppa Road,
Suite 207, Baltimore, MD 21286, Tel. 410-825-8888,
help@sidran.org, www.sidran.org.)

Terapia Intensiva contra el Trauma. Combina
la terapia con las videocintas y la hipnosis con un método muy eficaz para el tratamiento individual. Ofrece cursos intensivos de una y dos semanas (314 Scott
Ave., Morgantown, WV 26508, Tel. 304-291-2912)

REFERENCIAS

Albom, M. 1997. *Tuesdays with Morrie*. New York: Broadway.

Beck, A. 1976. *Cognitive Therapy and the Emotional Disorders*. New York: Meridian.

Beck, J. S. 1995. *Cognitive Therapy: Basics and Beyond*. New York: Guilford Press.

Brown, S. L., G. R. Schiraldi, and M. Wrobleski. 2003. Psychological strengths as correlates of happiness and health in college students. Paper presented at the Second International Positive Psychology Summit, Washington DC.

Chambers, O. 1963. *My Utmost for His Highest*. Uhrichsville, OH: Barbour.

Dement, W. C., and C. Vaughan. 1999. *The Promise of Sleep*. New York: Delacorte.

Eifert, G. H., M. McKay, and J. P. Forsyth. 2006. *ACT on Life Not on Anger: The New Acceptance and Com-*

mitm Therapy Guide to Problem Anger. Oakland, CA: New Harbinger Publications.

Ellis, A., and R. A. Harper. 1975. *A New Guide to Rational Living*. North Hollywood, CA: Wilshire.

Frankl, V. E. 1959. *Man's Search for Meaning: An Introduction to Logotherapy*. Boston: Beacon.

Gardner, H. 1993. *Frames of Mind: The Theory of Multiple Intelligences*. New York: Basic.

Gauthier, J., D. Pellerin, and P. Renaud. 1983. The enhancement of self-esteem: A comparison of two cognitive strategies. *Cognitive Therapy and Research* 7(5):389-98.

Goleman, D., ed. 2003. *Healing Emotions: Conversations with the Dalai Lama on Mindfulness, Emotions, and Health*. Boston: Shambhala.

Hayes, S. C., with S. Smith. 2005. Get Out of *Your Mind and Into Your Life: The New Acceptance and Commitment Therapy*. Oakland, CA: New Harbinger Publications.

Hayes, S. C., K. D. Strosahl, and K. G. Wilson. 1999. ACT. *An Experiential Approach to Behavior Change*. New York: Guilford Press.

Hinckley, G. B. 2000. *Standing for Something: Ten Neglected Virtues That Will Heal Our Hearts and Homes*. New York: Random House.

Hobfoll, S. E., and J. R. Leiberman. 1987. Personality and social resources in immediate and continued stress resistance among women. *Journal of Personality and Social Psychology* 52(1):18-26.

Hobfoll, S., and P. London. 1986. The relationship of selfconcept and social support to emotional distress among women during war. *Journal of Social and Clinical Psychology* 4(2):189-203.

Jacobson, N., and A. Christensen. 1996. *Integrative Couple Therapy: Promoting Acceptance and Change*. New York: W. W. Norton and Company.

Kabat-Zinn, J. 1990. Full *Catastrophe Living*. New York: Bantam Dell.

Kabat-Zinn, J. 2005. *Coming to Our Senses: Healing Ourselves and the World Through Mindfulness*. New York: Hyperion.

Keating, T. 1992. *Invitation to Love: The Way of Christian Contemplation*. New York: Continuum.

Lee, H. J. 2002. Psychosocial variables associated with resilience among mother-daughter dyads. Doctoral diss., University of Maryland.

Lowry, R. J., ed. 1973. *Dominance, Self-Esteem, Self-Actualization: Germinal Papers of A. H. Maslow.* Monterey, CA: Brooks/Cole.

McQuaid, J. R., and P. E. Carmona. 2004. Peaceful Mind: *Using Mindfulness and Cognitive Behavioral Psychology to Overcome Depression.* Oakland, CA: New Harbinger Publications.

Miller, K. 2000. Interview by Anderson Cooper, 20/20 *Downtown*, ABC (January 20).

Monson, T. 2006. True to the faith. *Ensign* 36(5):18-21.

Murray, W. H. 1951. *The Scottish Himalayan Expedition.* London: J. M. Dent and Sons.

Okazaki, C. N. 1993. *Lighten Up!* Salt Lake City, UT: Deseret.

Peacock, J. R., and M. M. Poloma. 1999. Religiosity and life satisfaction across the life course. *Social Indicators Research* 48:321-45.

Plante, T. G. 2004. *Do the Right Thing: Living Ethically in an Unethical World*. Oakland, CA: New Harbinger Publications.

Pollner, M. 1989. Divine relations, social relations, and well being. *Journal of Health and Social Behavior* 30(1):46-53.

Rinpoche, S. 1993. *The Tibetan Book of Living and Dying*. New York: HarperCollins.

Rogers, C. R. 1987. *On Becoming a Person: A Therapist's View of Psychotherapy*. New York: Houghton Mifflin.

Salzberg, S. 2004. *Lovingkindness: The Revolutionary Art of Happiness*. Boston: Shambhala.

Schiraldi, G. R. 2001. *The Self-Esteem Workbook*. Oakland, CA: New Harbinger Publications.

Schiraldi, G. R., and S. L. Brown. 2001. Primary prevention for mental health: Results of an exploratory cognitive behavioral college course. *Journal of Primary Prevention* 22(10):55-67.

Segal, Z. V., J. M. G. Williams, and J. D. Teasdale. 2002. *Mindfulness-Based Cognitive Therapy for Depression: A New Approach to Preventing Relapse*. New York: Guilford Press.

Shupe, P. C. 2006. Parable of the broken slides. Sermon delivered at Foreside Community Church, Falmouth, ME (March 26).

Spence, J., P. Poon, and P. Dyck. 1997. The effect of physical activity participation on self-concept: A meta analysis. *Journal of Sports Exercise Psychology* 19:S109.

Sprott, J. B., and A. N. Doob. 2000. Bad, sad, and rejected: *The lives of aggressive children. Canadian Journal of Criminology* 42(2):123-33.

USDA. 2005. Dietary Guidelines for Americans 2005. www.mypyramid.gov.

Warner, M., ed. 2004. *The Portable Walt Whitman.* New York: Penguin.

Zhang, L. 2005. Prediction of Chinese life satisfaction: Contribution of collective self-esteem. *International Journal of Psychology* 40(3):189-200.

ESQUEMA BIOGRÁFICO

Glenn R. Schiraldi, doctor en Filosofía ha prestado sus servicios en el manejo del estrés en el Pentágono, en la *International Critical Incident Stress Foundation y The University of Maryland*, en donde recibió el Premio a la Enseñanza Sobresaliente en el *College of Health and Human Performance*. Es autor de varios artículos y libros sobre salud mental y física. Sus libros sobre temas relacionados con el estrés incluyen *The Self-Esteem Workbook*; *The Post-Traumatic Stress Disorder Sourcebook*; *World War II Survivors: Lessons in Resilience*; *Conquer Anxiety, Worry, and Nervous Fatigue*; *The Anger Management Sourcebook*; *Hope and Help for Depression*; *y Facts to Relax By*. La excelente escritura de Glenn ha sido reconocida por diversas fuentes académicas y populares, incluyendo el *Washington Post*, el *American Journal of Health Promotion*, el *Mind/Body Health Review* y el *International Stress and Tension Control Society Newsletter*.

Mientras prestaba sus servicios en el Pentágono, ayudó a diseñar e implementar una serie de cursos prototipo sobre el manejo del estrés para el Departamento de la Armada incluyendo el manejo de la hostilidad, el enojo y las habilidades de comunicación. Conduce un programa de capacitación para la prevención del trastorno por estrés postraumático, PTSD (*post-traumatic stress disorder*) para la *International Critical Incident Stress Foundation*. Presta sus servicios en la Universidad de Maryland desde 1980, ha sido pionero de un sinnúmero de cursos mente-cuerpo, que le han enseñado a gran cantidad de adultos a prevenir las enfermedades físicas y mentales que se relacionan con el estrés. También prestó sus servicios en el consejo de directores de la *Depression and Related Affective Disorders Association*, fundada como una cooperativa del Departamento de Psiquiatría en la Universidad Johns Hopkins. Actualmente trabaja en el consejo editorial del *International Journal of Emergency Mental Health* y para el grupo de trabajo del Trastorno por Estrés Postraumático de la *ABC News*.

Se graduó de la Academia Militar Estadounidense en *West Point*, del BYU (*summa cum laude*) y de la Universidad de Maryland.

CONTENIDO

10 soluciones simples para elevar la autoestima,
de Glenn R. Schiraldi,
fue impreso y terminado en junio de 2015
en Encuadernaciones Maguntis, Iztapalapa,
México, D. F. Teléfono: 5640 9062.